裁判官の品格

池添徳明
Ikezoe Noriaki

現代人文社

目次

門《かど》野《の》 博《ひろし》

元東京高裁部総括判事・現法政大学法科大学院教授

「名張毒ブドウ酒事件」再審決定を取り消し

門野博氏は名古屋高裁の裁判長だった時に、「名張毒ブドウ酒事件」の再審開始決定を取り消す決定をしたことで知られる。

「名張毒ブドウ酒事件」は三重県名張市の公民館で1961年3月、地元住民らの会合で農薬の入ったブドウ酒を飲んだ女性5人が死亡し、12人が中毒症状になった事件だ。殺人罪などに問われて死刑が確定した奥西勝死刑囚（87歳）の第7次再審請求に対し、名古屋高裁刑事1部（小出錞一裁判長）は2005年4月、再審開始を決定した。

この決定を不服とした名古屋高検の異議申し立てを認め、名古屋高裁刑事2部の裁判長として2006年12月、奥西死刑囚に対する再審開始決定を取り消す決定をしたのが門野氏だった。

◉「冤罪事件」の再審請求審理が集中

門野裁判長はこの決定の翌年、名古屋高裁刑事2部から東京高裁刑事4部に異動した。同法廷ではこれまで、「布川事件」「東電OL殺人事件」「狭山事件」といった、いずれも冤罪と疑われる著名事件の再審請求審

や再審開始決定の異議審が軒並み審理されている。

◉裁判官には「当たり外れ」がある

「憲法と法律と良心のみに従って、独立して公正に判断する」。裁判官に対して、そんなイメージを抱いている人は多いだろう。中学校で三権分立について学習した際、そのように教わった記憶がある人は大勢いるに違いない。「すべて裁判官は、その良心に従い独立してその職権を行い、この憲法および法律にのみ拘束される」。憲法第76条は、裁判官についてそう定めている。

しかし実際には、「憲法と法律と良心のみに従って、独立して公正に判断」している裁判官がどれほどいるかと言うと、かなり疑問だ。「これってちょっとおかしいんじゃないか」と思わざるを得ないような判決に出くわすことも少なくない。

一人一人の裁判官の人間性や憲法に対する姿勢、人権感覚によって、判断には大きな差が出てくる。

裁判官には「当たり外れ」があるのだ。

裁判官による判断の違いは、国や自治体を相手にする行政訴訟、住民訴訟、労働・公安事件、刑事事件などで顕著になってくる。裁判官の人間性までもが問われることになるからだろう。

例えば、国や行政や企業に対する市民の異議申し立てには最初から耳を貸さないとか、捜査機関の言い分を鵜呑みにして、推定無罪の原則や刑事訴訟法の手続きを平然と無視するなど、そんな裁判官に審理を担当されたら当事者はたまったものではない。

裁判官には、憲法と法律を厳守し、当事者や代理人が提起した疑問点・論点に対して、すべてきちんと答えることが求められる。事件に誠実に向き合って説得力ある説明をすれば、仮に不本意な判決が出たとしても、当事者はそれなりに納得するだろう。

そうした問題意識に基づいて出したのが、『裁判官Who's Who／首都圏編』（現代人文社、2004年）という本だ。首都圏四都県の地裁・高裁の部総括判事（合議で審理する法廷のいわゆる裁判長）全員の経歴、主な判決、訴訟指揮などの評価について取材し、似顔絵入りで一冊にまとめた。

同書の取材と同様の要領で、門野博裁判長とはいったいどのような人物なのか、考察してみたい。

◉地道に地方都市や支部を回る

門野博氏は、東京都出身の68歳。京都大学で法律を学び、1967年に22歳で司法試験に合格した（22期）。司法修習生として京都で実務修習後、裁判官に任官。1970年4月に東京地裁に判事補として着任したのを振り出しに、裁判官生活をスタートした。

その後は、神戸地家裁姫路支部、千葉地家裁、秋田地家裁横手支部の各判事補を務め、1980年4月に秋田地家裁横手支部兼湯沢支部の判事に就任。さらに転勤を重ね、東京地裁、松山地家裁西条支部長、横浜家裁、新潟家地裁長岡支部、同支部長、東京高裁、浦和地家裁越谷支部長を経て、2000年4月に札幌高裁の部総括判事（いわゆる裁判長）となった。

2002年6月に函館地家裁所長、2003年7月に札幌地裁所長、2005年11月に名古屋高裁の部総括判事に異動し、2007年5月から東京高裁刑事4部の部総括判事を務め、2010年2月に定年退官した。現在は、法政大学法科大学院教授。

こうした経歴を見てみると、地方都市の裁判所を地道に回り続け、しかも支部をいくつも経験している。このことから、必ずしもエリート裁判官として「厚遇」されてきたとは言えないのではないかと推測できる。いわゆる官僚裁判官の多くが就任する「司法行政」の世界とはほとんど無縁で、一貫して現場でこつこつと判決を積み上げてきた裁判官と言えるだろう。

◉名古屋高裁刑事1部と正反対の結論

次に本稿冒頭でも紹介し、門野裁判長の名前を世間に広く知らしめることになった「名張毒ブドウ酒事件」の再審開始決定と取り消し決定を振り返ってみる。

奥西死刑囚はいったんは自白して逮捕・起訴され、その後は無罪を主張。一審の津地裁では証拠不十分とされて無罪となったが、二審の名古屋高裁はこれを破棄して死刑判決を言い渡し、1972年に最高裁が上告を棄却して死刑が確定した。無実を訴える奥西死刑囚は7次にわたって再審請求を続け、第5次再審請求からは日本弁護士連合会(日弁連)も支援を始めた。

第7次再審請求に対して名古屋高裁刑事1部の小出裁判長は、弁護側が新証拠として提出した鑑定書や実験結果に基づいて、「事件で使われた毒物が奥西死刑囚の自白した農薬でなかった疑いがある」「他の者による犯行の可能性が否定できない」「自白の信用性に重大な疑問がある」などと指摘し、再審開始を決定した。

事件発生から半世紀。奥西死刑囚は80歳を超える高齢となった。物証に乏しく唯一の有力な証拠が自白とされる事件で、科学的証拠を検討した結果、「疑わしきは被告人の利益に」という刑事裁判の原則が尊重された再審開始決定だった。

弁護団や支援者らは再審開始への期待をふくらませ、学者や法曹関係者やメディアをはじめとする多くの人たちの間でも「無罪となる可能性が高い冤罪事件だ」と受け止められていた。それだけに、同高裁刑事2部の門野裁判長が決定した再審開始決定の取り消しには強い衝撃が走った。

異議審で門野裁判長は、「奥西死刑囚が入手・保管していた農薬ニッカリンTが事件で使用された可能性は十分にある」「飲み残しのブドウ酒からニッカリンTが検出されないこともあり得る」「任意取り調べで行われた自白は当初から詳細で具体性に富み、信用性が高い」などと判断理由を示す。そして、再審開始を決定した名古屋高裁刑事1部とは正反対の結論を出した。

◉「疑わしきは罰する」は司法の自殺

「名張毒ブドウ酒事件」の再審開始の取り消し決定に対し、同事件弁護団長の鈴木泉弁護士は、「これでは無罪を立証しない限り、再審を開始しないのと同じだ。どんな冤罪事件も救済されなくなる。日本の刑事司法の自殺行為に等しい」と厳しく批判した。

鈴木弁護士は門野裁判長について、「非常にポーカーフェースの人だ」との印象を持っている。

門野裁判長は、事件の毒物とされた農薬の鑑定証人調べや審理の進行協議などに前向きな姿勢で応じ、弁護団の期待に添うような態度で訴訟指揮をしていた。それだけに、再審決定の異議審での「意外な結論」にとても驚いたという。

異議審の決定に先立って、弁護団は「決定を出す際は、事前（2週間前）に告知してほしい」と裁判所に申し入れた。門野裁判長は「奥西死刑囚の年齢のこともあるからすみやかに知らせる」として1週間前に告知した。しかも通常のケースとは違って、弁護人と請求人（名古屋拘置所に収監されている奥西死刑囚）のそれぞれに対して、同時に告知・通知する配慮を見せた。

「奥西さんが生きているうちに再審を開始する、そういう措置を取ったんだと私たち弁護団は受け止めました。当然そう期待しますよね。ところがふたを開けてみたらああいう結果になった。門野裁判長はいったい何を考えていたのかなあ」

鈴木弁護士は、今でも理解できない対応ぶりだったと振り返る。

名古屋高裁刑事2部の門野決定は、「疑わしきは罰せず」という刑事裁判の原則とは正反対の立場だ、と鈴木弁護士は強調する。

「死刑になることが予想される重大犯罪事件で、やってもいないことを自白するわけがない――という心証があって、ああいう決定になったのでしょう。異議審の決定書には、自白には任意性がある、信用性もあると繰り返し出てくる。自白の存在が門野裁判長の心証を大きく支配したのではないか」

◉再審請求事件は「裁判官も必死」

門野裁判長と同期の元裁判官は、門野氏に「きわめてまじめで堅物」との印象を持っている。「毒ブドウ酒事件」の再審取り消し決定を知って「アホかと思った」と話す。

「疑わしい事実が出てきたから、せっかく再審開始を決定したのに、なんでそれをひっくり返さなければならないのか。最終的に有罪になったとしても、可能な限り審理の機会を与えればいい。それが刑事裁判の方向じゃないですか」

この元裁判官は、「いつも上の方を向いて仕事をしている」と批判されることの多い裁判官の「ヒラメ体質」にも言及した。

「なんぼ焦っても、せいぜいなれて高裁長官でしょう。最高裁の方ばかり見ているヒラメ裁判官がほとんど。わずかばかりの可能性にかけて最後のあがきをしているようにも思えるが、被告人が裁判官の出世の踏み台にされてはたまらない」

そして、再審と裁判官の関係についてこう解説してくれた。

「冤罪事件の無実を訴え続けるのは、なかなか気力が続かないものです。それを判断する裁判官も必死で、私も再審請求事件を担当した時は必死で審理しました。再審開始の決定をした裁判官は、よほどの確信を持って判断したはずですよ」

◉事実認定は細かくしっかりと

一方、門野裁判長を知る同期の弁護士の一人は、「いわゆる刑事裁判官として優秀で手堅い人だ。事実認定についてもとても細かく精査した上で、きちっとした判決を書く」と門野氏を高く評価する。

ストレートで難関の司法試験に合格した門野氏は、司法修習生時代の成績も優れていたが、その後も上昇志向のようなものは見受けられなかったという。

家庭裁判所時代は担当した少年事件の審判をめぐり、子どもの立場に立ってずいぶんと思い悩むこともあったらしい。「少年の気持ちをくんだいい決定を出していますよ」と指摘する。札幌高裁では、殺人罪に問われた被告人に無罪判決も言い渡している。

そんな門野氏を知っているから、「毒ブドウ酒事件」の再審取り消し決定には戸惑いを隠せなかったと、この弁護士は話す。

「事実認定をしっかりして手堅い実務を積み重ねた中で、あのような判断しか出せなかったのかもしれないが……。人権感覚にあふれた裁判官が、明らかに冤罪と思われた事件で有罪判決を出したことがあって、多くの弁護士たちからあの裁判官がどうしてと不思議がられた。裁判官としては、証拠に基づいてそういう心証を抱いて判断したということなんでしょう」

また、市民団体で冤罪事件の再審請求や死刑廃止などの運動に20年以上取り組んでいる女性も、「門野氏は実務的で、厳しく細かくしっかり事実認定する裁判官」という認識を持っていると語り、必ずしも否定的な評価ばかりではないことを強調する。過去に無罪判決も出している門野氏の裁判官としての姿勢に、理解を示した。

◉これまでの判決で「逆転無罪」も

それでは門野博裁判長は、これまでにどんな事件を担当し、どのような判決を言い渡しているのだろうか。主な判決には次のようなものがある。

◇　◇　◇

【連続婦女暴行殺害／死刑囚の再審請求棄却】（2001年2月16日、札幌高裁決定）北海道空知支庁管内の連続婦女暴行事件で殺人や強姦致死の罪に問われ、1990年に死刑が確定した晴山広元・死刑囚の再審請求審で、「自白の信用性は高い」として再審請求を棄却した。事件は1972年から1974年に起き、一人歩きの女性を車に乗せて襲う手法で、2人が殺され1人が重傷を負った。

【飲酒ひき逃げ死亡事故／猶予判決を破棄】（2001年5月22日、札幌高裁判決）飲酒運転で横断中の男性を死亡させて逃げたとして業務上過失致死と道路交通法違反の罪に問われ、一審の函館地裁で懲役2年6月、執行猶予4年の判決を受けた飲食店従業員の女性の控訴審で、「猶予刑は相当でない」として一審判決を破棄し、懲役1年8月の実刑を言い渡した。

【小4男子死亡／二審も無罪】（2002年3月19日、札幌高裁判決）1984年に行方不明となった札幌市の小4男子が遺骨で見つかった事件で殺人罪に問われ、一審の札幌地裁で無罪判決を受けた飲食店従業員の女性の控訴審で、「殺意認定が困難」として一審の無罪判決を支持し、検察側控訴を棄却した。

【売春場所を提供／店長に逆転有罪】（2006年4月12日、名古屋高裁判決）売春のためにマッサージ店の個室を提供したとして売春防止法違反の罪に問われ、一審の岐阜地裁で無罪判決を受けた中国籍の店長の控訴審で、売春が行われると認識していたとして一審判決を破棄し、懲役1年6月、執行猶予3年、罰金20万円（求刑・懲役同、罰金同）を言い渡した。

【性的虐待の父親に逆転有罪】（2006年6月28日、名古屋高裁判決）中学生の長女に性的虐待を続けたとして児童福祉法違反の罪に問われ、一審で無罪判決を受けた愛知県津島市の父親の控訴審で、長女の証言の信用性を認めて一審判決を破棄し、懲役5年（求刑・懲役6年）を言い渡した。

【日航機の乱高下事故／二審も機長に無罪】（2007年1月9日、名古屋高裁判決）香港発名古屋行き日本航空706便が乱高下して乗員1人が死亡し、乗客ら13人が負傷した事故で業務上過失致死傷の罪に問われ、一審で無罪判決を受けた機長の控訴審で、「事故につながる意図的な操縦操作は認められず過失はない」として一審判決を支持し、検察側控訴を棄却した。

【ホームレス襲撃殺害／中2の処遇短縮】（2007年2月23日、名古屋高裁決定）ホームレス襲撃殺害事件の中2男子の抗告審で、名古屋家裁岡崎支部が初等少年院送致とした決定を支持し、児童自立支援施設送致を求めた少年の抗告を棄却したが、処遇勧告を「4年以上の相当長期」から「2年以上」に短縮した。

【許可更新で虚偽申請／建設会社に逆転無罪】（2007年2月27日、名古屋高裁判決）建設業許可更新の虚偽申請をしたとして建設業法違反の罪に問われ、一審の名古屋地裁で罰金各30万円の判決を受けた愛知県の建設会社「中部建設」と社長の控訴審で、一審判決を破棄して「動機が乏しく犯罪の証明がない」とした。

【2児殺人未遂の母に猶予判決／一審を破棄】（2007年4月18日、名古屋高裁判決）刃物で8歳と5歳の兄弟にけがをさせたとして殺人未遂の罪に問われ、一審の名古屋地裁で懲役3年6月の実刑判決を受けた

名古屋市の母親の控訴審で、一審判決を破棄し、心神耗弱状態を認めて懲役3年、執行猶予5年を言い渡した。

【地裁の勾留決定を取り消し】（2007年9月5日、東京高裁決定）覚せい剤取締法違反の罪に問われ、一審で無罪判決とされたスイス国籍女性を職権で勾留した千葉地裁の決定を、「特段の事情があって勾留できるケースとは認められない」として取り消した。

【警察官の取り調べメモ／開示を命令】（2007年11月8日、東京高裁決定）通貨偽造行使の疑いで逮捕され、取り調べ段階で犯行を認めたが、東京地裁の初公判で犯行を否認した男の刑事裁判をめぐり、取り調べた警察官のメモの開示を検察側に命じた。弁護側が「期日間整理手続き」で開示を求めたが、東京地裁が請求を棄却したため、弁護側が即時抗告を申し立てていた。特別抗告審で、最高裁第三小法廷は高裁決定を支持し、開示を命じる判断を示した（2007年12月25日付決定）。

【自宅放火に逆転有罪／供述の信用性認める】（2007年11月27日、東京高裁判決）自宅を全焼させたとして現住建造物等放火の罪に問われ、一審の宇都宮地裁で無罪判決を受けた男の控訴審で、「火災直後の供述は信用性が高い」として一審判決を破棄し、懲役3年、執行猶予5年を言い渡した。

【警察官の取り調べメモ開示命令】（2008年11月8日、東京高裁決定）通貨偽造行使の罪に問われ、裁判で犯行を否認した男性の弁護側が、取り調べの状況を記録した警察官のメモの開示を求めた即時抗告審で、開示請求を棄却した東京地裁決定を覆し、検察側に開示を命じた。男性は取り調べでは自白したが、調書は意思に反するとしていた。

【「布川事件」再審開始決定を支持】（2008年7月14日、東京高裁決定）茨城県利根町で男性を殺害し現金を奪ったとして、強盗殺人の罪に問われ無期懲役判決が確定した「布川事件」で、冤罪を訴え続けていた桜井昌司さんと杉山卓男さんの第2次再審請求で、水戸地裁土浦支部の再審開始決定を支持し、検察側の即時抗告を棄却した。

【ルーシーさん事件も有罪／改めて無期懲役に】（2008年12月16日、東京高裁判決）英国人女性ルーシー・ブラックマンさんら女性10人を襲って死亡させたとして、準強姦致死や死体遺棄の罪に問われた織原城二被告の控訴審で、ルーシーさん事件について無罪とした一審の東京地裁判決を破棄し、改めて一審と同じ無期懲役を言い渡した。

【村上ファンド元代表に執行猶予／実刑判決を破棄】（2009年2月3日、東京高裁判決）インサイダー取引でニッポン放送の株を売り抜けて約30億円の不正利益を得たとして、証券取引法（現在は金融商品取引法）違反の罪に問われた村上世彰・村上ファンド元代表の控訴審で、一審の東京地裁判決（懲役2年）を破棄し、懲役2年、執行猶予3年を言い渡した。罰金300万円、追徴金約11億4900万円は維持。同罪に問われた投資顧問会社「MACアセットマネジメント」に対しては、一審判決（罰金3億円）を破棄し、罰金2億円を言い渡した。

【耐震強度偽装の社長、二審も執行猶予の有罪】（2009年3月6日、東京高裁判決）耐震強度偽装を知りながらマンションを販売し、代金約4億円をだまし取ったとして、詐欺罪に問われた「ヒューザー」元社長の控訴審で、懲役3年、執行猶予5年とした一審の東京地裁判決を支持し、弁護側・検察側の双方の控訴を棄却した。

【捜査対象女性に性的行為／元警部補に実刑】（2009年12月22日、東京高裁判決）捜査対象の女性に性的行為をしたとして、特別公務員暴行陵虐の罪に問われた栃木県警の元警部補の控訴審で、「被害者供述は信用できない」と判断して一部無罪とした一審の宇都宮地裁判決(懲役1年、執行猶予3年)を破棄し、懲役2年6月の実刑判決を言い渡した。

◉「自白の信用性」高く評価

逆転有罪判決を言い渡す一方で、無罪判決支持や逆転無罪判決も言い渡している門野裁判長は、必ずしも捜査当局や検察の言い分だけをそのまま鵜呑みにしているわけではないようだ。きちんと事実認定した上で、法律に基づいて厳格な判断をしようとする姿勢がうかがわれるほか、未成年者の処遇に柔軟な対応をするといった配慮も見られる。

しかしその半面、再審請求審やいったん犯行を認めた事件では「自白の信用性」を高く評価するなど、非常に厳しい姿勢が見受けられる。門野裁判長の「自白に対する信頼」には相当なこだわりがあるようだ。

「名張毒ブドウ酒事件」弁護団長の鈴木弁護士は、「自白の存在が門野裁判長の心証を大きく支配したのではないか」と分析しているが、そうした傾向は異議審の決定だけではなかった。

先に紹介した市民団体の女性は、「門野裁判長は、刑が確定する前の事件ではリベラルな判断をするのに、再審請求に対してはかなり保守的というか厳格な要求をする。確定判決前の事件と比べて判断基準のハードルの高さが際立っている。まだ疑いがあるから安心して再審開始決定ができない、ということなのでしょう」と指摘した。

しかしそれでは、「有罪認定に合理的な疑いが残るなら無罪にするという刑事裁判の原則は、再審開始の判断にも適用される」とした最高裁の白鳥決定をないがしろにすることになりかねない。弁護側が真犯人を見つけて完全な無罪を立証しなければ、再審は開始されず、冤罪は救済されないことになってしまう。「毒ブドウ酒事件」では、密室でつくられた自白と科学的証拠のどちらを前提に判断するのか、「疑わしきは被告人の利益」とするかどうかが問われた。鈴木弁護士は、「日本の刑事裁判では、自白に偏重した判断がまかり通っている現実がある。これから裁判員制度が始まると、裁判官の姿勢やリードが裁判員に大きな影響を与えることになる」と不安を募らせる。

裁判員に対して刑事裁判の原則を言葉で説明するだけでなく、実際の法廷で裁判官自身がお手本を示さなければ、一般市民に「疑わしきは被告人の利益に」は理解されないだろう。もしも被告人が自白していれば、よほどの無罪証拠がない限り、裁判員は有罪の判断を下してしまうかもしれない。

◉退官後のコメントに強い違和感

門野裁判長は2007年5月から、東京高裁刑事4部で再審請求事件の審理を担当した。茨城県利根町で男性が殺害され現金が奪われた「布川事件」では、無期懲役判決が確定した桜井昌司さんと杉山卓男さんの第2次再審請求で、水戸地裁土浦支部の再審開始決定を支持（2008年7月14日）。また、女子高生を殺害したとして無期懲役判決が確定した「狭山事件」では、冤罪を訴え続けている石川一雄さんの第3次再審請求の際に、検察側に対し捜査メモや目撃情報などの証拠の開示を勧告した（2009年12月16日）。

門野氏は2010年2月5日に定年退官し、現在は、法政大学法科大学院で教授を務めている。退官後、重大事件や再審事件で無罪判決が言い渡されると、門野氏がメディアに登場してコメントする場面を頻繁に目にする。

「布川事件」の再審無罪の際は、「捜査の問題が一番大きいが、検察官も証拠をもっとチェックすべきだったし、裁判所も慎重に判断すべきだった」（２０１１年５月25日付朝日）と述べる。

「東電ＯＬ殺人事件」の再審開始決定では、「再審開始は妥当だ。最初の裁判でこの証拠が提出されていれば、有罪判決は出なかったと思われる」（２０１２年６月７日付朝日）と語り、「再審でも『疑わしきは被告人の利益に』の原則に忠実に判断する流れが定着してきている」（２０１２年８月１日付朝日）、「証拠を丁寧に見て、それでも疑問が残れば、被告人の利益になるよう判断する。裁判官と裁判員が、この鉄則を共有することが大切だ」（２０１２年11月２日付朝日）と発言する。

鹿児島県で農業の男性が遺体で見つかった「大崎事件」で、懲役10年が確定し服役した原口アヤ子さんの第２次再審請求を鹿児島地裁が棄却した時は、「再審請求では、確定判決に疑いを生じさせる新証拠であれば、確定審の証拠と合わせて総合的に判断するのが通説。今回は、新証拠のハードルが高く設定されている印象だ」（２０１３年３月７日付朝日）と踏み込んでいる。

率直に言って、これらのコメントには強い違和感を禁じ得ない。だったらどうして門野氏は、名古屋高裁刑事１部が出した「名張毒ブドウ酒事件」の再審開始決定を、わざわざ取り消したりしたのだろう。弁護側は新証拠を示しているのだから、再審の道を閉ざす必要はないではないか。

「疑わしきは被告人の利益に」と言うのならば、なおさら裁判のやり直しをさせない理由が分からない。退官後に発する言葉とはどう考えても整合性が取れないではないか。いくら考えても、せっかく開きかけた扉を閉めて、再審開始することさえ拒んだ理屈が、どうしても理解できない。

メディアでこうしたコメントを繰り返すのであるならば、再審開始の道を閉ざした自身の決定について、きちんと説明した上で発言すべきではないかと思う。

川《かわ》口《ぐち》宰《しょう》護《ご》

福岡地裁所長

飲酒運転3児死亡に「危険運転」適用せず

飲酒運転に対する世間の目がより一層の厳しさを増し、厳罰化を求める声が高まっている中での判決だった。

◉「危険運転致死傷罪」認めず

福岡市東区で2006年8月、元福岡市職員の男（当時23歳）は酒に酔って乗用車を時速100キロで運転し、橋上で一家5人の乗ったRV車に追突して博多湾に転落させた。この事故で4歳と3歳と1歳の幼児3人を水死させ、両親にも軽傷を負わせて現場から逃げたとして、危険運転致死傷罪と道路交通法違反（ひき逃げ）の罪に問われた。

元福岡市職員は、自宅や居酒屋、スナックで、缶ビール1本と焼酎のロック8〜9杯のほか、ブランデーの水割り数杯を飲み、明らかに酔った状態で運転していた。

福岡地裁刑事3部の川口宰護裁判長は2008年1月8日、元福岡市職員に対して危険運転致死傷罪を適用せず、予備的訴因として福岡地検に追加を命じた業務上過失致死傷罪と道路交通法違反を組み合わせて、

最高刑の懲役7年6月（求刑・懲役25年）を言い渡した。川口裁判長は結審後の２００７年12月、福岡地検に予備的訴因を追加させていたため、こうした判断になるだろうことは予想されていた。

最高刑が懲役20年の危険運転致死傷罪と、同じく懲役5年の業務上過失致死傷罪とでは、刑の重さの格差があまりにも大きい。だからこそ、危険運転致死傷罪の適用には厳密な立証と慎重さが求められる。

川口裁判長は、「被告の元福岡市職員は事故後の飲酒検知は呼気1リットル当たり0・25ミリグラムで、泥酔状態ではなく酒気帯びだった」「スナックから追突事故現場までの約8分間、普通に右左折やカーブ走行を繰り返し、蛇行運転などをした事実は認められなかった。接触事故を起こした形跡もなかった。事故直前に衝突回避措置をしていた」などと認定。「正常な運転が困難な状態にはなかった」として、事故原因は脇見運転で、故意犯である危険運転致死傷罪は成立しないと結論付けた。

◉判決にマスコミから批判が集中

この判決には、マスコミや世論の批判が集中した。

罪が軽すぎるのではないか。大量の酒を飲んで車を運転した結果、何の落ち度もない幼児3人の命を一方的に奪った事実はどうなるのか。しかも、元福岡市職員は救助活動をしようともせずに事故現場から逃げ、ペットボトルの水を大量に飲んで飲酒検知をごまかそうとする工作までしていた。悪質な故意犯そのものではないか――。

テレビのワイドショーでは、スタジオのコメンテーターが「たまたま細い路地を接触せずに走り抜けたからといって、どうしてそれが正常な運転ができる状態だったことになるのか」と怒りをあらわにした。新聞各紙も判決翌日の社説で、「危険運転になぜならないのか、釈然としない人も多いのではないか」「法は厳正に適用しなければならないが、量刑の内容に釈然としない人も多いだろう」「危険運転にあたらないというのは、普通の人の常識に反していないだろうか」などとこぞって批判した。

インターネットの掲示板の書き込みや週刊誌などはもっとストレートに、「この裁判官に正義はない」「こんな一般人の感覚から乖離した裁判官がいる限り、陪審制導入はやむを得ない」「呆れた非常識な裁判官」などと決めつけた。

◉厳格な判断「勇気ある判決」

一方、川口裁判長と同期の弁護士は、危険運転致死傷罪を適用しなかったこの判決について、「とても勇気のいる判決だと思う。世間に動じないで、ああいう判決を書くのは今どき珍しいんじゃないか」と援護する。

「罪を犯した者に対して厳罰を求める世論があって、被害者感情を優先して裁判に報復を期待する傾向が強まっている気がする。裁判員制度の導入で普通の市民が裁判に加わることになると、そこのところが心配だ」

近代刑法は敵討ちを目的としていない。報復裁判が行われてはならないのだが、「古い時代に戻っていこうとする動きがある」と、この弁護士は指摘する。

「その中で、こんな判断をする裁判官はケシカランというのが、一般的なとらえ方かもしれない。しかし世間が何と言おうと、法と証拠に基づいて厳格に判断し、法律家として判決を下すのは裁判官のあるべき姿だと思いますよ」

地元福岡の弁護士の間では、元市職員が起訴されたあたりから、こうした判決内容になることは半ば予想されていたという。

「危険運転致死傷罪は、構成要件が不明確で適用しづらいことが前提としてあります」と地元のベテラン弁護士は解説する。

「そもそも危険運転の定義が難しい。飲酒量を基準にせざるを得ないが、正常な運転ができていたかどうかは個人差がある。危険運転の認識があったかというとそれも難しいだろうということで、弁護士の間では判決を当然だと受け止めていました。被害者遺族の代理人の弁護士も、悔しいという思いはあるだろうが、理解しがたい判決といった受け止め方はしていないのではないですか」

◉「初動捜査の問題」指摘する声も

被害者遺族の代理人の弁護士は、「ご両親はもちろん控訴してほしいという希望を持たれて、検察も控訴したが、歓迎し評価できる判決内容でなかったからといって裁判官を批判するということはない。裁判官としては立派な方だ」と強調する。

「事故直前に衝突回避措置をしていたというが、人間は酔っていても本能的に避けようとする。狭い道や曲がりくねった道を走ってもぶつからずに運転できた、だから正常な運転ができると認識していたというが、緊張状態が途切れて酔いが回ってくることもある」と指摘した上で、「見通しのいい直線道路なのに手前まで被害者の車に気付かなかったなど、事故直前の状況を見て判断することもできたとは思うが、与えられた客観的証拠の中での判断なのでやむを得ない。『疑わしきは被告人の利益に』というのは刑事裁判の原則だから、危険運転致死傷罪を適用できなかったのは、それはそれで一つの考えだと思う」と理解を示した。

「しかし遺族としてはそれでは納得できないので、別の裁判官が判断して考え直すことも可能ではないかということで、控訴を望んだということです」

被害者遺族の代理人はそう説明してから、「むしろ初動捜査に問題があったのではないか」と警察の姿勢を厳しく批判した。

「現場の警察官が飲酒運転の認識を持って対応していれば、目の前で水を飲むのを放置するなど起こり得なかった。泥酔状態だったことを後から立証するのは難しい。あまりにも初歩的な捜査ミスで、事故直後の早い段階から飲酒検査をすべきだった。加害者と面識のある警察官だったのではないかと邪推したくもなります」

◉最高裁調査官も経験したエリート

川口宰護氏は、長崎県出身の63歳。京都大学で法律を学び、１９７２年に22歳で司法試験に合格した(27期)。司法修習生として京都で実務修習後、裁判官に任官。１９７５年４月に東京地裁に判事補として着任し、裁判官生活をスタートさせている。

任官２年後の１９７７年４月には、最高裁家庭局付となり、その後、再び東京地裁に戻って判事補、書記官研修所教官、熊本地家裁判事補を務め、１９８５年４月に熊本地家裁の判事に就任する。その２年後の１９８７年には、最高裁調査官となった。

そして、福岡地家裁判事・福岡高裁判事職務代行、福岡高裁判事を経て、１９９５年４月に福岡地裁の部総括判事（裁判長裁判官）に着任。さらに、１９９８年４月に東京家裁の部総括判事、２００１年９月に東京地裁の部総括判事、２００４年５月に福岡地裁の部総括判事と異動を重ねて、２００７年10月に大分地家裁所長に就任。２００８年10月に福岡高裁の部総括判事となり、２０１２年９月から福岡地裁所長を務めている。

現場での実務に加えて、裁判所の運営や裁判官人事などを一手に握る「司法行政」の経験もあり、バランスの取れた経歴を重ねてきたエリート官僚裁判官と言っていいだろう。東京と九州地方とを往復する形の異動が目立つのは、出身地が長崎であることが影響しているのかもしれない。

元福岡市職員による飲酒運転３児死亡事故の判決は、大分地家裁の所長に赴任した後、前任地の福岡地裁で言い渡した。

◉「冷静で客観的」弁護士は高い評価

川口氏と司法研修所で同じクラスだったという弁護士は、「特に印象に残るような感じではなかったが、おとなしく真面目に勉強しているタイプだった。裁判官になるような人は、そういう人が多いんだけどね」と振り返る。

「一度、ある事件の弁護をした時に、東京地裁の川口裁判官の法廷で審理されたことがあった。特に権力的というわけでもないし、人権感覚がないということもなかったよ」

福岡の弁護士の間で、川口裁判長の評判は意外なまでにとてもいい。

「非常にきちんと事実を見て、堅実な認定をする。突飛な判断はしない。非常に優秀な人ですよ」と地元の弁護士は評価する。福岡地裁では、裁判員制度の導入にあたって、模擬裁判などのPR活動を裁判所の中心になってやっていたという。

「エリートにもかかわらずきちんとした裁判をするという印象が、個人的にはあるね。往々にして、エリート官僚裁判官というのは弁護士の評判が悪い人が多いが、川口さんはそんなことはない。意外なくらい堅くて事実認定もしっかりしていて、情に流されたりしないけど、かといって冷たくもない」

飲酒運転死亡事故の判決についても、「危険運転致死傷罪の件でマスコミからバッシングされているのを見て、何を言っているんだと思った。ちゃんとした裁判官のところで判断されたと言えますよ。福岡の弁護士としては、早く福岡に戻ってきてほしいと願っています」とエールを送った。

刑事弁護の専門家として大学でも教えている弁護士も、「とても優秀な人で、非常に冷静に客観的な審理をするので、地元の弁護士の評価は高い。刑事弁護をやっているほかの弁護士の印象を聞く限りでも、強権的な訴訟指揮をすることはないし、ていねいで説得力のある判決文を書くと評判です。私の経験からも、審理に自信を持ってテキパキと事件を処理していた」と話す。

この弁護士も飲酒運転死亡事故の判決については、「判決文をきちんと読んで分析したわけではないので一般論だけど」と断った上で、「刑事裁判の基本に忠実に、関係する証拠をもとにして冷静に判断した結果ではないか。横やりや変な風に影響されず、毅然と適切に判断していると思う」と評価した。

法科大学院で教える別の弁護士は、「厳罰主義の風潮があって世間は悪乗りしているように思えるが、筋を通して考えている判決として、あれはあれでいいのではないか」と感想を述べた。

◉「犯罪の証明ない」と無罪判決

それでは川口宰護裁判長は、これまでにどんな事件を担当し、どのような判決を言い渡してきたのだろうか。主な判決をざっと見てみよう。（裁判所名に続いて、判決や決定の後に「単独」とあるのは、合議体でなく裁判官単独の裁判であることを示す）

◇　◇　◇

【密輸覚せい剤押収／捜査協力主張の業者に実刑】（１９９５年６月22日、福岡地裁判決）密輸された覚せい剤原料の押収事件で、覚せい剤取締法違反幇助の罪に問われ、警察への捜査協力を理由に無罪を主張した漁業者に対し、求刑通り懲役３年を言い渡した。

【労働者派遣業法違反／オウム元信徒の社長に執行猶予】（1996年9月4日、福岡地裁判決）労働者50人を検査会社に派遣し、法律では認められていない原子力発電所の検査補助業務などをさせたとして、労働者派遣業法違反の罪に問われたオウム真理教の元信徒の会社社長に対し、懲役5月、執行猶予2年（求刑・懲役10月）を言い渡した。オウム真理教の活動とは無関係なのに、オウム関連事件と報道され不利益を被ったとして情状酌量した。

【KSD事件で受託収賄／小山元参院議員に実刑】（2002年9月6日、東京地裁判決）「KSD中小企業経営者福祉事業団」事件で、古関忠男前理事長から3166万円の賄賂を受け取ったとして、受託収賄の罪に問われた小山孝雄・元自民党参院議員に対し、懲役1年10月、追徴金3166万円（求刑・懲役3年、追徴金同）を言い渡した。

【北朝鮮元工作員に執行猶予】（2003年10月28日、東京地裁判決＝単独）在日朝鮮人を装って日本に不法滞在したとして、公正証書原本不実記載・同行使、出入国管理法違反の罪に問われた北朝鮮の元工作員に対し、懲役3年、執行猶予5年（求刑・懲役3年）を言い渡した。高齢や病気などを情状酌量した。

【千葉県収用委の弁護士襲撃／中核派活動家に無罪】（2004年3月17日、東京地裁判決）千葉県収用委員会会長の弁護士を襲い、鉄パイプなどで殴って重傷を負わせ現金46万円などを奪ったとして、強盗致傷の罪に問われた中核派活動家に対し、犯人と認めるには合理的な疑いが残るとして無罪（求刑・懲役15年）を言い渡した。

【妻殺害容疑の夫に無罪／自白の信用性認めず】（2005年4月19日、福岡地裁判決）自宅で妻を絞殺して遺体を台所の床下に隠したとして、殺人と死体遺棄の罪に問われた夫に対し、唯一の証拠である自白には信用性がなく犯罪の証明がないとして、無罪（求刑・懲役18年）を言い渡した。

【一家４人を殺害／中国人元専門学校生に死刑】（２００５年５月19日、福岡地裁判決）仲間の中国人２人（中国で死刑判決と無期懲役判決）と共謀し、福岡市内の一家４人を殺害して現金３万７０００円を奪ったとして、強盗殺人や死体遺棄などの罪に問われた中国人の元専門学校生に対し、求刑通り死刑を言い渡した。

【バイク追突２人死亡／路上駐車の運転手に無罪】（２００５年７月19日、福岡地裁判決）路上駐車していたトラックに２人乗りのオートバイが追突して男女大学生が死亡した事故で、業務上過失致死の罪に問われたトラック運転手に対し、オートバイの運転者が手前でブレーキをかけていれば追突事故は回避できたとして、無罪（求刑・禁固１年２月）を言い渡した。

【元組長ら２人を殺害／元組員に懲役15年】（２００７年６月26日、福岡地裁判決）暴力団元組長ら２人を殺害したとして、殺人などの罪に問われた元組員に対し、殺害を認める証拠がなく虚偽の供述の可能性が排除できないなどとして、殺人幇助罪と傷害致死罪を適用し、懲役15年（求刑・無期懲役）を言い渡した。

【保険金殺人のママに無期懲役／「共犯」の男は「幇助」適用】（２００７年７月19日、福岡地裁判決）保険金目的に夫だった２人を殺害したとして、殺人と詐欺の罪に問われた福岡・中洲の元スナックママに対し、１件目の事件に殺人罪と２件目に嘱託殺人罪を適用して、求刑通り無期懲役を言い渡した。１件目の事件で共犯として殺人の罪に問われた元家庭教師の男には、殺人幇助罪を適用して、懲役３年６月（求刑・懲役12年）を言い渡した。

【無関係の患者誤射殺に無期懲役／一審の有期刑破棄】（２００９年２月３日、福岡高裁判決）対立組織の関係者と誤認し、入院していた無関係の一般市民男性を至近距離から射殺したとして、殺人罪などに問われた元暴力団員の控訴審で、一審の佐賀地裁判決（懲役24年）を破棄し、求刑通り無期懲役を言い渡した。

【幹部殺害の2暴力団員に無期懲役／一審の有期刑破棄】（２００９年３月24日、福岡高裁判決）組長の指示で対立暴力団の幹部を拳銃や包丁で殺害したとして、殺人や銃刀法違反などの罪に問われた組幹部と組員の控訴審で、一審の熊本地裁判決（懲役30年と同28年）を破棄し、両被告人に無期懲役を言い渡した。

【出張旅費詐取で逆転無罪】（２０１０年１月15日、福岡高裁判決）町の農業委員会から出張旅費として現金約７万円をだまし取ったとして、詐欺などの罪に問われた女性元職員の控訴審で、一審の熊本地裁判決（懲役１年６月、執行猶予３年）を破棄し、逆転無罪を言い渡した。職員の証言には整合性がないと判断し、女性のアリバイを認めた。

【酒気帯び運転に逆転有罪】（２０１１年２月23日、福岡高裁判決）自損事故後の病院での採血でアルコールが検出されたとして、道路交通法違反（酒気帯び運転）の罪に問われた男性の控訴審で、無罪とした一審の熊本地裁判決を破棄し、求刑通り罰金30万円を言い渡した。男性は飲酒を否定。一審は、消毒用アルコールの混入の可能性を指摘したが、控訴審はその可能性は低いと判断した。

【母親殺害に逆転無罪／裁判員判決を破棄】（２０１１年10月18日、福岡高裁判決）同居の母親を刺し失血死させたとして、殺人の罪に問われた統合失調症の息子の控訴審で、一定の責任能力を認めた一審の大分地裁（裁判員裁判）の判決（懲役３年、保護観察付き執行猶予５年）を破棄し、逆転無罪を言い渡した。一審は証拠の評価を誤り、事実誤認があると判断した。裁判員裁判の判決を破棄した全面無罪は初めて。

【佐賀県警巡査長二審も無罪／取り押さえの際の暴行否定】（２０１２年１月10日、福岡高裁判決）自転車に乗っていた知的障害者を追跡し取り押さえる際に暴行し死亡させたとして、特別公務員暴行陵虐致傷の罪に問われた佐賀県警巡査長の付審判の控訴審で、無罪とした一審の佐賀地裁判決を支持し、検察側（検察官役の指定弁護士）の控訴を棄却した。巡査長の暴行場面を見たとの女性２人の証言の信用性について、「見間違えた可能性がある」と否定した一審判断を支持した。

【二審も無期懲役／女性２人連続殺傷】（２０１２年２月16日、福岡高裁判決）女性２人を連続殺傷したとして、強盗殺人などの罪に問われた男の控訴審で、無期懲役とした一審の福岡地裁判決を支持し、検察・弁護側の双方の控訴を棄却した。

【無罪破棄し逆転有罪／覚せい剤使用の元暴力団員】（２０１２年５月16日、福岡高裁判決）覚せい剤取締法違反（使用）の罪に問われた元暴力団組員の控訴審で、無罪とした一審の福岡地裁小倉支部判決を破棄し、懲役１年６月、執行猶予４年を言い渡した。警察官が弁護人依頼権を侵害したとして、覚せい剤陽性反応鑑定書の証拠能力を認めなかった一審に対し、控訴審では捜査の違法性は重大ではないと判断した。

【強盗殺人二審も無期懲役】（２０１２年７月11日、福岡高裁判決）タクシー運転手を刺殺し現金を奪ったとして、強盗殺人の罪に問われた無職の男の控訴審で、一審の熊本地裁（裁判員裁判）の無期懲役判決を支持し、弁護側の控訴を棄却した。

【無罪破棄し無期懲役／暴力団幹部射殺】（２０１２年９月21日、福岡高裁判決）同じ暴力団の組幹部を射殺したとして、殺人罪などに問われた組幹部の男の控訴審で、無罪とした一審の福岡地裁小倉支部判決を破棄し、求刑通り無期懲役を言い渡した。共犯とされた男については一審の無罪判決を支持した。

◉「川口判決」支持する声も

「犯人と認めるには合理的な疑いが残る」「自白に信用性がなく犯罪の証明がない」といった理由で、求刑の重い事件で無罪判決を言い渡している川口裁判長は、前項で取り上げた門野博裁判長もそうだったが、捜査当局や検察の主張を鵜呑みにしている裁判官ではないことがうかがわれる。

きちんと事実認定をして、法律に基づいて厳格で冷静な判断をしようとする姿勢や、弱者に情状酌量などの配慮を示すといった対応は、弁護士らの証言からも裏付けられた。福岡の飲酒運転死亡事故の判決は、こうした川口裁判官のキャラクターの延長線上にあると考えていいだろう。

危険運転致死傷罪を適用しなかった判決には、マスコミや世論の批判が集中し、裁判官バッシングも起きた。しかしその一方で、川口裁判長の言い渡した判決を支持する意見もしっかりと存在する。これまで見てきたように、被害者感情を優先させて裁判に報復を過剰に期待し、ヒステリックに厳罰化を求める社会の風潮に対して、警鐘を鳴らす声は少なくない。

息子の隼君《しゅん》（当時8歳）を失ったひき逃げ事故をきっかけに、被害者支援のあり方に一石を投じた父親の片山徒有《ただあり》さん（57歳）は、福岡の飲酒運転死亡事故の判決について、「脇見運転を12秒も続けながら、自動車専用道路を時速100キロで走った行為について、どうして危険運転とは認められないと判断したのか疑問に思います。そういう疑問点はありますが、危険運転致死傷罪の適用は事実の積み重ねがないととても難しいと聞いていたので、危険運転だけだと無罪判決もあり得ると思っていました」と話す。

◉感情的な厳罰主義で解決するか

「警察が裏付け捜査をきちっとしていなくて、証拠として相応しいものでなかったとすれば裁判では無罪となってしまう、それではひどいというので、裁判官は検察に訴因変更を求めたのでしょう。安易に危険運転致死傷罪を適用しなかった川口裁判長は、刑事裁判での立証がそれだけ厳密なものだということを教えてくれた。きちんと裁判官の仕事をしてくれたのだと思います」

警察は確実な捜査をして証拠を集めるべきだった。その上で検察が証拠をしっかり精査して立証していれば、もう少しすっきりした裁判になったかもしれない。

片山さんは被害者の立場に立ちながら、被害者と加害者の関係や司法制度のあり方についても積極的に発言を続けている。「加害者の厳罰化によって問題は解決するだろうか」と片山さんは疑問を投げかける。

「飲酒運転に限らず殺人や傷害事件など被害者が怒っているケースで、加害者にあまりに重い刑罰を与えると自暴自棄になって更生が進まず、かえって自分の犯した行為の責任に向かい合えなくなってしまわないか」と危惧する。

受刑者の矯正施設をたびたび訪れている経験から、片山さんは「刑期が長くなればそれだけ反省の機会が多くなるかというと、必ずしもそうとは限らない。重い罰を与えたからといって、それが更生につながるわけではありません」と指摘した。最近の厳罰主義の風潮には懐疑的だ。

加害者に対して感情的に厳罰を求める世論に異議を唱え、「法律に従って冷静に判断した」と川口裁判長を評価した片山さんの言葉には、被害者としてとても辛い経験をしているが故の説得力があった。

原《はら》田《だ》國《くに》男《お》

元東京高裁部総括判事・現慶應義塾大学法科大学院客員教授

東京高裁でいくつも逆転無罪を言い渡し

◉「チェック機能」果たさない刑事裁判

いったん起訴されたら有罪率99・9%の刑事裁判で、無罪判決を得るのは至難の業だと言われている。正真正銘の冤罪事件の被告人であっても、事態は変わらない。

なぜ無罪判決が少ないのだろうか。科学的で地道な捜査を積み重ね、間違いなく有罪にできると確信の持てる被疑者だけを、検察官が慎重に吟味した上で起訴しているからだろうか。そういうこともあるかもしれないが、しかし背景には、裁判所がきちんと「チェック機能」を果たしていない現実がある。

多くの裁判官は、被害者や目撃者のあやふやな証言、被告人の自白に頼って、捜査機関が提出した調書や主張を一方的に信用してしまい、客観的証拠に基づいた事実認定をしようとしない。これほどまでに高い有罪率が維持されている大きな要因だ。

いい加減でずさんな捜査や、誘導されたり強要されたりした証言・自白があれば、しっかりチェックすることが、裁判官には期待されている。警察や検察が違法に集めた証拠はすべて排除した上で、公正に審理を

進めて判断するのが裁判官の役割のはずだが、実際にはそうした作業を怠っているとしか思えないような「法の番人」が多い。

中には被告人のことを最初から犯人だと決めつけ、検察官の主張を丸写しして判決を書いたのではないかと、疑わざるを得ない裁判官もいる。「疑わしきは被告人の利益に」という刑事裁判の基本原則は、多くの法廷でないがしろにされているのが実態だ。

こうした日本の刑事裁判の現状に対して、刑事弁護に取り組む弁護士からは無力感を訴える声も聞こえてくる。

◉「話を聞いてくれる」と弁護士が評価

そんな「絶望的」と言えるような状況の中で、弁護士や法曹関係者から珍しく高く評価されているのが、東京高裁刑事9部の裁判長だった原田國男氏だ。

一審の地裁で被告人が無罪判決を言い渡されても、検察側が控訴すると、二審の高裁ではひっくり返されて逆転有罪となるのは日常茶飯事だ。刑事裁判だけでなく、国や自治体を相手に住民らが訴える行政訴訟などでも、二審で住民側が逆転敗訴するケースの方がむしろ多い。「上級審になるほど被告人や住民が異議を申し立てる声は届きにくい」というのが、市民の抱く裁判所のイメージと言ってもいいだろう。

これに対して原田裁判長は、逆転無罪判決をいくつも言い渡していることで知られる。さらに、「東京高裁刑事部の裁判官は、木で鼻をくくったような対応ばかりで、証拠調べもほとんどせずに一方的に審理を打ち切る」と何人もの弁護士がこぼす中、原田裁判長の法廷では、弁護側の被告人質問や情状証人が認められることが多い。

「どんな事件でも、被告人や弁護人の言い分を聞こうという姿勢を示す。官僚臭さがなくて鷹揚な感じの裁判官だ」「結果的に一審判決は覆らなかったし、ガス抜きなのかもしれないが、話は聞いてくれる」――。原田裁判長に対する弁護士の代表的な印象は、こんな感じだ。

「東京高裁の裁判官はとにかく頭が固い。被告人の話にまるで耳を傾けようとしない裁判官ばかり。その一方で、検察側の立証についてはとても緩やかに認める。そんな東京高裁の中で原田裁判長の存在はかなり目立っていますね」

◉大都市で実務豊富、最高裁調査官も経験

原田國男氏は、神奈川県出身の68歳。東京大学在学中の1966年に、21歳で司法試験に合格した（21期）。司法修習生として横浜で実務修習後、裁判官に任官。1969年4月に東京地裁の判事補に着任し、裁判官生活がスタートした。

任官3年後の1972年5月には法務省刑事局付となり、6年後の1978年4月に福岡地家裁に判事補として赴任し、翌年の1979年4月には福岡地家裁判事に就任。1981年4月に東京に戻って、東京地裁判事・東京高裁判事職務代行となった。

1984年4月に名古屋地裁判事へと異動した後、1987年4月には最高裁調査官を命じられている。最高裁で4年間を過ごした後、1991年4月に東京高裁判事、同年5月に東京地裁の部総括判事（裁判長裁判官）に着任。さらに、1995年4月に東京地裁八王子支部の部総括判事、1998年4月に東京高裁判事、1999年6月に水戸家裁所長、2000年1月に水戸地裁所長と異動を重ねて、2001年9月から東京高裁刑事9部の部総括判事を務め、2010年2月に定年退官した。現在は、慶應義塾大学法科大学院客員教授。弁護士登録もしている。

東京を中心に、首都圏や大都市の中核裁判所を回って実務経験をしっかり重ね、さらに法務省での勤務や最高裁調査官といったキャリアもあるエリート裁判官の一人だ。

司法修習生時代の原田裁判長を司法研修所で指導した元教官の弁護士は、「仕事はまじめで一生懸命にやる人。研修所では熱心に修習を受けていた。同期には高裁長官になったのが仙台と高松に2人いますが、原田さんもぼちぼち高裁長官になるんじゃないですか」と振り返ったが、東京高裁部総括判事のまま定年退官した。

退官後の2012年には、高裁時代に言い渡した逆転無罪判決24件の中から16件の事例を選んで、冤罪を見抜くヒントなど裁判官の姿勢を解説した『逆転無罪の事実認定』（勁草書房）を出版。また、刑事裁判のあり方や量刑判断についても発言している。

原田裁判長と同期の元裁判官は、「豪快なイメージ。全体的に裁判官には線が細いタイプが多いけど、原田君にはそういう印象はないね。人権派というタイプでもなかった。思想的には真ん中くらいの人だろう」と評した。

◉「リベラル派」の影響が強く残る世代

原田裁判長らが任官した時代は、保守系のメディアと政治家が「偏向裁判官」への攻撃を繰り広げ、憲法擁護を掲げる青年法律家協会(青法協)会員の裁判官に対する風当たりがピークを迎えていた。青法協は「反体制の左傾団体」とされ、最高裁事務総局は局付判事補に執拗に青法協脱退を迫り、脱退を拒み続けた宮本康昭判事補が再任拒否された。原田氏らが任官して2年目の1971年のことだった。

こうしたいわゆる「青法協問題」の荒波を経験する前に、原田裁判長らの世代は大学や司法研修所で法律を学んだ。同期の元裁判官は、リベラルな教育から受けた影響の大きさを指摘する。

「ぼくたち司法修習の21期は、官僚的な発想を持たない人が裁判官になっている。自由な発想で裁判をする人が多いですよ」

戦後の新しい刑事訴訟法は、「被告人は、裁判官や検察官と対等平等な訴訟当事者として、防御権や黙秘権などの権利が法律によって保障され、推定無罪のもとに適正な手続きで裁判が行われなければならない」とする考え方に立つ。こうした理念を実践していこうという「新刑訴派」の影響を、原田裁判長らの世代の多くが受けている。同期の元裁判官はそう解説する。当時の裁判所の中にも、そんな空気がまだ残っていたという。

「『青法協問題』以降は、最高裁の方針でヒツジのような従順な裁判官ばかりになっていった。無罪判決なんか出すと出世できないと言われていますが、原田さんは若手の裁判官に相当な影響を与えているのではないですか。最近は最高裁の姿勢がまた変わって、そんなヒツジのような裁判官ばかりではまともな裁判はできないと考えて、いろんなタイプが必要だと考えているみたいですが」

◉次々に逆転無罪判決、捜査手法も批判

それではここで、原田國男裁判官がこれまでにどんな事件を担当し、どのような判決を言い渡してきたのか、主な判決をざっと見ることにする。

◇　◇　◇

【ディスコ照明落下事故で設計業者に有罪】（1992年2月26日、東京地裁判決）六本木のディスコ「トゥーリア」で昇降式大型照明のチェーンが切れ、踊っていた客の3人が死亡して13人が重傷を負った事故で、業務上過失致死傷罪に問われた設計・製作会社社長に対し、禁固2年、執行猶予3年（求刑・禁固2年）を言い渡した。

【覚せい剤事件で無罪／違法捜査を指摘】（1993年2月17日、東京地裁判決）知人に借りた乗用車内から覚せい剤が見つかり、覚せい剤取締法違反の罪で起訴された無職の男性に対し、違法捜査を指摘して無罪（求刑・懲役3年）を言い渡した。

【従業員殺人事件で無罪】（1997年2月19日、東京地裁八王子支部判決）飲食店従業員寮の自室で同僚を絞殺したとして、殺人罪に問われた男性に対し、自白に信用性がなく物的証拠がないなどと指摘して、無罪（求

刑・懲役12年)を言い渡した。

【強盗殺人に無期懲役】(1997年6月23日、東京地裁八王子支部判決)知人の会社役員を殺害して現金などを奪ったとして、強盗殺人と死体遺棄などの罪に問われた会社員に対し、求刑通り無期懲役を言い渡した。

【調布事件の元被告4人に刑事補償/「無罪」判断示す】(2001年12月12日、東京高裁決定)京王線の調布駅前で起きた少年グループによる傷害事件(調布事件)で無実を主張し、有罪か無罪かの判断を示されずに公訴棄却(起訴自体を違法とする判断)とされた元被告4人が、無実の罪で拘束されたことについて国に計670万円の刑事補償を求めた申し立てに対し、請求通り全額を交付する決定をした。公判が続いていれば全員無罪だったと判断し、裁判の証拠などを検討せずに申し立てを退けた一審の東京地裁八王子支部決定を批判した。

【偽造国際運転免許証あっせん事件/無罪支持】(2003年4月9日、東京高裁判決)偽造国際運転免許証の購入を米国のブローカーにあっせんしたとして、有印私文書偽造罪に問われた会社役員の控訴審で、一審の無罪判決を支持し、検察側の控訴を棄却した。

【地下鉄サリン事件/オウム横山被告の死刑支持】(2003年5月19日、東京高裁判決)地下鉄サリン事件でサリンを散布したとして、殺人罪などに問われたオウム真理教の元幹部・横山真人被告の控訴審で、一審の東京地裁の死刑判決を支持し、被告側の控訴を棄却した。

【「金髪先生」傷害事件/一審破棄して執行猶予】(2003年7月16日、東京高裁判決)小学校敷地内で校長にワゴン車をぶつけてけがをさせたとして、傷害罪に問われた千葉県四街道市立小学校の男性元教諭(通称「金髪先生」)の控訴審で、一審の千葉地裁判決(懲役1年2月)を破棄し、懲役1年2月、執行猶予3年を言い渡した。

【池袋通り魔事件／死刑支持】（2003年9月29日、東京地高裁判決）池袋の繁華街の路上で通行人を包丁や金づちで襲い、女性2人を殺害し6人に重軽傷を負わせたとして、殺人や殺人未遂罪などに問われた造田博被告の控訴審で、一審の東京地裁の死刑判決を支持し、被告側控訴を棄却した。

【オヤジ狩りで会社員死亡／懲役15年破棄し無期懲役】（2003年11月12日、東京高裁判決）「オヤジ狩り」で会社員から現金などを奪って死亡させたとして、強盗致死罪などに問われた無職の男の控訴審で、一審の東京地裁判決（懲役15年）を破棄し、無期懲役を言い渡した。共犯罪などに問われた元新聞販売所従業員に対しても、東京地裁判決（懲役9年）を破棄して懲役11年を言い渡した。

【織田無道被告の控訴棄却／墓地乗っ取り事件】（2004年1月16日、東京高裁判決）墓地乗っ取りを図って虚偽登記をしたとして、公正証書原本不実記載・同行使などの罪に問われたタレントで僧侶の織田無道被告の控訴審で、一審の横浜地裁判決（懲役2年6月、執行猶予4年）を支持し、被告人側の控訴を棄却した。

【革労協活動家に逆転無罪／公務執行妨害】（2004年1月21日、東京高裁判決）羽田空港で職務質問を受けた際に警察官を殴ったなどとして、公務執行妨害罪に問われた革労協主流派の男性活動家の控訴審で、警察官4人の証言は客観的証拠と符合しないと認め、一審の東京地裁判決（懲役1年、執行猶予4年）を破棄し、逆転無罪を言い渡した。

【盗聴法初適用の一審支持】（2004年7月16日、東京高裁判決）通信傍受法（盗聴法）が初適用された事件で麻薬特例法違反罪などに問われた元暴力団幹部の控訴審で、「通信傍受の要件を満たしている」として傍受の妥当性を全面的に認め、一審の東京地裁判決（懲役5年6月、罰金80万円、追徴金42万9000円）を支持し、被告人側の控訴を棄却した。

【恐喝未遂罪の男性に逆転無罪／客観的証拠ない】（2005年8月8日、東京高裁判決）知人の携帯電話に脅迫電話をかけたとして、恐喝未遂罪に問われたアルバイト男性の控訴審で、被害者供述には客観的証拠が何もないとして、一審の千葉地裁判決（懲役1年6月、執行猶予3年）を破棄し、逆転無罪を言い渡した。

【死亡交通事故で無罪支持】（2005年8月8日、東京高裁判決）埼玉県新座市の死亡交通事故で業務上過失致死罪に問われた会社員の控訴審で、一審のさいたま地裁の無罪判決を支持し、検察側の控訴を棄却した。男性は一貫して無実を主張していた。

【強姦のギタリスト減刑／懲役12年に】（2006年1月11日、東京高裁判決）女性を連続暴行したとして、強姦罪や強制わいせつ罪などに問われたロックバンド「ヒステリックブルー」の元ギタリストの控訴審で、一審の東京地裁判決（懲役14年）を破棄し、懲役12年に減刑した。

【痴漢事件で会社員に逆転無罪／西武新宿線】（2006年3月8日、東京高裁判決）西武新宿線の電車内で女子高生の下着の中に手を入れるなどの痴漢行為をしたとして、強制わいせつ罪に問われた会社員の控訴審で、一審の東京地裁判決（懲役1年6月、執行猶予3年）を破棄し、逆転無罪を言い渡した。被害者の証言は被告人を犯人とするに足りず、痴漢だと思った人を降車時に捕まえたに過ぎないと指摘し、捜査当局の捜査を批判した。会社員は一貫して無実を主張していた。

【オウム新実被告の死刑支持／坂本弁護士一家など11事件で26人殺害】（2006年3月15日、東京高裁判決）坂本弁護士一家殺害事件など11の事件で計26人を殺したとして、殺人罪などに問われたオウム真理教の元幹部・新実智光被告の控訴審で、一審・東京地裁の死刑判決を支持し、被告人側の控訴を棄却した。

【暴力団元幹部の無期懲役支持／対立組幹部2人射殺】（2006年7月10日、東京高裁判決）暴力団山口組系幹部2人を射殺し、組員1人を負傷させたとして、殺人罪などに問われた暴力団住吉会系元幹部の控訴審で、一審の東京地裁判決（無期懲役）を支持し、検察側（死刑を求刑）と被告人側（量刑不当を主張）の双方の控訴を棄却した。

【窃盗罪の男性に逆転無罪】（2006年10月25日、東京高裁判決）派遣会社の社員寮で同僚から現金4万円とビール券を盗んだとして、窃盗罪に問われた男性の控訴審で、被害者の証言は信用できず、証拠捏造の疑いがあるなどとして、一審の前橋地裁太田支部判決（懲役1年8月）を破棄し、逆転無罪を言い渡した。

【川崎協同病院の医師減刑／治療中止して筋弛緩剤投与指示】（2007年2月28日、東京高裁判決）気管支ぜんそくで入院した男性患者から気管内チューブを抜き、准看護師に筋弛緩剤を注射させて死なせたとして、殺人罪に問われた川崎協同病院の女性医師の控訴審で、一審の横浜地裁判決（懲役3年、執行猶予5年）を破棄し、懲役1年6月、執行猶予3年（求刑・懲役5年）に減刑した。患者は重症発作で意識不明だった。治療行為中止は適法な尊厳死か、家族から延命治療中止要請があったかなどが争点となり、医療倫理をめぐって議論になった。

【日債銀の旧幹部の控訴棄却／粉飾決算事件】（2007年3月14日、東京高裁判決）日本債券信用銀行（現・あおぞら銀行）の粉飾決算事件で証券取引法違反（虚偽記載）の罪に問われた同銀行元会長ら3人の旧経営陣の控訴審で、一審の東京地裁判決（元会長は懲役1年4月、執行猶予3年、ほかの2人は懲役1年、執行猶予3年）を支持し、被告側の控訴を棄却した。

【再審請求を棄却／連続企業爆破の死刑囚2人】（2007年6月5日、東京高裁決定）三菱重工ビル爆破などの「連続企業爆破事件」で殺人罪などに問われ、死刑が確定した大道寺将司、益永利明の両死刑囚の第2次再審請求に対し、2人が申し立てた即時抗告を棄却した。

【耐震偽装の姉歯被告の控訴棄却／懲役5年を支持】（2007年11月7日、東京高裁判決）マンションやホテルの耐震強度偽装事件で、建築基準法違反や議院証言法違反（偽証）などの罪に問われた元1級建築士の姉歯秀次被告の控訴審で、一審の東京地裁判決（懲役5年、罰金180万円）を支持し、被告人側の控訴を棄却した。

【器物損壊タレントに逆転無罪】（2008年3月3日、東京高裁判決）知人男性のマンションの木製ドアを蹴破って開いた穴をくぐり抜け侵入したとして、器物損壊罪に問われた女性タレントの控訴審で、一審の東京地裁判決（懲役1年2月、執行猶予3年）を破棄し、逆転無罪を言い渡した。模型を使った検証に基づいて、101センチの胸囲で穴をくぐり抜けるのは不可能と認め、ドアの穴に残るはずの繊維を検察が立証しない不自然さも指摘した。

【男児死亡の業過事故2審も無罪】（2008年9月17日、東京高裁判決）駐車場で兄と遊んでいた2歳の男児を乗用車でひいて死亡させたとして、業務上過失致死の罪に問われた会社員の男性の控訴審で、無罪とした一審の横浜地裁判決を支持し、検察側の控訴を棄却した。男児が車の下で遊んでいた可能性が否定できず、検察側主張には裏付けがないとした。

◉「理論派」裁判官、著書や論文に注目

確かに原田裁判長には、無罪判決や逆転無罪が多い。「職人的な裁判官だ。現場での仕事にこだわりを持っ

ている」と同期の弁護士は話す。

一方、原田裁判長は理論派でも知られる。刑事裁判官（実務家）であるとともに、量刑理論についての優れた研究者としても精力的な活動を続けている。論文や著書も多い。

どのような要因で刑事事件の量刑が決まるかについて、現職の刑事裁判官の目で考察した研究論文集『量刑判断の実際』（現代法律出版、２００３年）は、刑事弁護を担当する弁護士から「弁論を書く時にとても参考になる」と評判がいい。大学の刑事法研究者の間でも「学説との対話の姿勢が明示された画期的な本だ」と注目されている。

市民の視点から危険運転致死傷罪を批判的に検討した、『危険運転致死傷罪の総合的研究――重罰化立法の検証』（日本評論社、２００５年）の編者である交通法科学研究会の高山俊吉弁護士も、原田裁判官を信頼する一人だ。

「法律雑誌の書評のページで、原田さんが高く評価してくれてうれしかった。現職の裁判官だから執筆をやめておこうと考えたりしない人。考え方が近いと思われているとすれば光栄ですね」

高山弁護士と原田裁判官は司法修習では同期だが、クラスが別だったこともあってそれほど接点はないという。しかし論理的な判決や論文を通して、「原田さんは私が尊敬している裁判官だ」と話す。

◉「報復的な重罰化」の風潮に警鐘発言

また、最近は被害者感情の重視や厳罰化の風潮が加速しているが、こうした動向についても、原田裁判長は冷静かつ積極的に発言している。

実務家として、「被告人に対する恨みのみを強調する流れへの懸念や、重罰が本当に被害者の精神的な救済になっているのかという疑問」を述べた上で、原田裁判長は、「受刑経験がその人の人生にとって致命的にならないようなケアも必要であろう。総合的な対策により、被害者と加害者との融和を図るべきであろう。そうしなければ刑事裁判は、修復の場ではなく、単なる報復の場になってしまう」(「実務の視点からみた交通犯罪」刑法雑誌44巻3号、2005年)と指摘する。

学者と裁判官との座談会では、「被害感情だけ突出してとらえると、被告人が、被害感情が強いためにこういう重い刑になったのだという不満や不公平感を持つ。これが更生を大きく妨げることだって現実にあると思います。そうなると修復的司法どころか報復的司法になってしまう。それで本当にいいのだろうか」と問題提起した。

さらにこの座談会では、裁判員制度導入によって、「裁判員が被害者の処罰感情を過度に重視したり、否認しているのはけしからんと考えたりする可能性」にも触れて、「被告人の置かれた環境とか犯行に至る経緯とか、いいことにしろ悪いことにしろ、そういうことに接すればおのずと、外面的なことだけで(量刑を)決めてはいけないと気付くのではないでしょうか。日本国民は良識があると思うから、希望的だけれど、期待している部分があります」(「座談会『量刑判断の実際』と量刑理論」法律時報76巻4号、2004年)とも語っている。

◉ほかの裁判官が酷過ぎるから目立つ?

刑事弁護に熱心に取り組んでいる弁護士の一人は、「とてもフランクな人だけど、判決文は実に緻密な構成で書かれている。そういうところは、リベラルな判決で知られる木谷明裁判官（退官して法政大学法科大学院教授を経て、現在弁護士）と通じるところがあるんじゃないですか。ところが、原田さんの法廷にはなかなか担当されないんですよ」と残念がる。

同じく刑事弁護に力を注いでいる別の弁護士は、「全体的に裁判官の質が悪い中では、原田さんは安心して審理を委ねられる人だと思う。しかしそれは相対的な評価が高いということなのであって、本来はこれくらいが普通の裁判官だと思うんですよ」と、やや厳しい評価をする。

飛び抜けてリベラルで人権派の裁判官ではないのかもしれないが、それでも多くの弁護士から高く評価されるのは、逆に言えばほかの裁判官があまりに検察寄りで、レベルが低過ぎるということでもあるのだろう。「ほとんど弁護側の主張を聞かない。被告人の弁明も一切無視する」「この部の裁判長に当たったらどうしようもない。保釈が認められても、検察側が異議を申し立てて抗告すると、全部ひっくり返されて保釈が取り消されてしまう」――。どの弁護士に聞いても、そんなふうにボロクソの評価しか返ってこない裁判官も少なくない。

その中でも、東京高裁刑事部の裁判官の良い噂は耳にしない。だからこそ、原田裁判長は希有の存在と言える。しかし、原田氏のような裁判官が珍しい存在だという日本の裁判所は、どう考えても正常ではない。

大《おお》渕《ぶち》敏《とし》和《かず》

元大阪高裁部総括判事・現公証役場公証人

「東電ＯＬ」一審無罪、「所長襲撃」差し戻し

◉「東電ＯＬ殺人事件」無罪判決で注目

大渕敏和裁判長は、１９９７年3月に東京都渋谷区のアパートで東京電力の女性社員が殺された事件（東電ＯＬ殺人事件）の一審を担当し、東京地裁裁判長として無罪判決を言い渡したことで知られる。女性社員を絞殺して現金を奪ったとして、強盗殺人の罪に問われたネパール国籍のゴビンダ・プラサド・マイナリさんに対し、「疑わしきは被告人の利益に」という刑事裁判の基本原則を貫いて、無罪とする判断を明確で論理的に示した判決だった。

日本の刑事裁判では、起訴された事件の99・９％が有罪になると言われている。「ゴビンダさんの無実は確信しているが、無罪判決の可能性は低いだろう」と弁護団や関係者らも判決前に漏らしていただけに、東京地裁の無罪判決は世間から広く注目を集めることになった。

ところがゴビンダさんは、一審の無罪判決にもかかわらず、控訴審を担当する東京高裁の職権で身柄拘束が続けられ、東京高裁（高木俊夫裁判長）は一審判決を破棄し、求刑通り無期懲役とする逆転有罪判決を言

い渡した。「裁判官は控訴審が始まる前から被告人を有罪とする心証を抱き、逆転有罪を想定していたとしか思えない」と弁護団は批判。即日上告したが、最高裁第三小法廷（藤田宙靖裁判長）は２００３年10月に上告を棄却して有罪が確定した。

一審の東京地裁は、刑事裁判の基本原則に忠実に従ってごく当たり前の判断をしただけだったが、日本の刑事裁判システムの中では際立っていたようだ。この事件は日本弁護士連合会（日弁連）の支援を受けて、再審請求が行われた。その後、２０１２年11月、東京高裁で再審無罪判決が言い渡され確定。

大渕裁判長は２０００年４月にゴビンダさんに無罪判決を言い渡して約半年後の11月に、本庁の東京地裁から東京地裁八王子支部へ異動になった。事件関係者や法曹関係者らの間では、「無罪判決が原因で飛ばされたのか」などとさまざまな憶測を呼んだが、真相は定かではない。

その後いくつか異動を重ねて、大渕氏は大阪高裁の刑事部の裁判長を最後に依願退官した（詳しい経歴については後述)。

着任して間もない大阪高裁で2008年3月、大渕裁判長は少年事件で驚くべき決定をした。大阪地裁の所長(当時)が少年らのグループに襲われた強盗致傷事件で、大阪家裁で刑事裁判の「無罪」にあたる「不処分決定」を受けた少年(当時14歳)について、家裁の不処分決定を取り消し、同家裁に再び審理を差し戻す決定をしたのだ。

「東電OL殺人事件」の一審での無罪判決と、「大阪地裁所長襲撃事件」での少年についての不処分決定を取り消した決定が、どうにもつながらない。この落差はいったいどこからきているのだろうか。

◉あそこの法廷にかかるとダメになる

大阪の弁護士の間で、大渕裁判長の評判はきわめてよくない。「あそこ(大渕裁判長の法廷)にかかると全部ダメになる(有罪判決になる)」と刑事弁護を担当する弁護士たちはこぼす。

「事実誤認を争っている事件なのに、証拠請求を全く認めず、ほんの10分足らずで結審してしまった。控訴審を形骸化している。記録もきちんと読んでいないのではないか」と怒りをあらわにする弁護士もいる。

大阪地裁所長襲撃事件で大渕裁判長は、犯行グループの後ろ姿が映った現場近くの防犯ビデオをめぐって、身長差などを検証する目的で検察側が再現実験したDVD映像を大阪家裁が証拠不採用としたことを理由に、「家裁はDVD映像を調べる責務がある」として審理を再び家裁に差し戻した。

この検察側の再現映像は、犯行グループとされた5人のうち大阪地裁で無罪となった成人2人の控訴審で証拠採用され、既に調べられている。少年の付添人の弁護士は、「再現映像をさらに時間をかけて調べたところで、少年の無罪が覆る証拠にはなり得ない。ここにいたって差し戻すのは納得いかないし理解できない」と高裁決定を批判した。家裁への再度の差し戻し決定で、２００４年２月の事件発生以降、少年は５回目の審理を受けることになった。

「大阪高裁の決定は、捜査当局の調書をそのまま鵜呑みにして、検察の意見や言い分に沿った内容でした。不当な決定だったと思います」

少年の付添人の弁護士によると、大阪高裁では書面のやり取りだけで、裁判官と顔を会わせて話をする進行協議などの機会は全くなかった。「この種の少年事件で付添人に一度も相談がないのはどうかと思う」と疑問に感じているうちに決定が出たという。「これまでの審理経過から見てもこういうのは異例ではないか」と話す。

結局、２００８年７月に最高裁第三小法廷（田原睦夫裁判長）は、「不処分」と判断した大阪家裁の決定を支持して、少年の「無罪」が確定した。大阪高裁の差し戻し決定は、結果として少年の不安な心理状態をいたずらに引き延ばしただけだった。

◉もともと被告人には厳しい裁判官

ほかの刑事事件でも、「大渕裁判長の審理は偏っている」と問題点を指摘する声はあちこちから聞こえてくる。弁護士による裁判官評価サイトへの書き込みや、刑事事件を担当する弁護士の間でやり取りされているメーリングリストでも、「被告人に防御の機会をほとんど与えない」「訴訟指揮が強権的で被告人に質問をさせない」「弁護人の主張を聞かない」など、大渕裁判長に対する評価は圧倒的によくないものが目立つ。

訴訟指揮に問題があるのではないかと感じているのは、大阪の弁護士だけではない。東京の弁護士からも、「被告人が発言を希望しても認めようとしない」「窃盗事件の被告人に対して、反省がないと言って数十分も真っ赤になって怒鳴っていたことがある」「公安事件や刑事事件の被告人に予断を持っているのではないか」など、厳しい批判が聞こえてきた。

刑事事件に熱心に取り組んでいる東京の弁護士の一人は、「大渕裁判長は、事実認定など被告人に厳しく、被告人の弁解をあまり聞かない。もともとかなり検察官寄りの裁判官ですよ」と指摘する。

「権力志向も強い人で、裁判官の権威を強く意識していると思いますね。犯罪が起きたのならだれかを処罰しなければならない、裁判官の判断で犯人を逃してはならないという傾向が強い。検察官の立証が十分かどうか判断するのが裁判官の仕事であるはずなのですが」

◉官僚的で「人権感覚の感度が鈍い」

大渕裁判長と同期の弁護士は、「今はほとんど付き合いはないが、裁判官として評判がよくないことは知っています。一般的にはリベラルではない人。あまり人権感覚はない人というイメージですね」と話す。

「無罪判決を数多く出していることで知られる東京高裁の原田國男裁判長とは、対照的なタイプなんじゃないですか。原田さんは気さくで肩の力が抜けた感じの人ですが、大渕さんは木で鼻をくくったような対応をする官僚的な感じですね」

大渕裁判長ら司法修習25期生が大学生活を過ごしたのは、ちょうど70年安保闘争や公害反対運動などが盛り上がり、社会が大きく揺れ動いていた時代だった。社会問題に関心を寄せ、積極的に活動する修習生も少なくなかったという。

「大学の中は反権力の雰囲気があふれていたこともあって、弁護士を志望する学生が多かった。裁判官に任官しようという学生はそれほど多くなかったのでは。大渕さんはおとなしくて、司法研修所の外に出てフットワークよく動く人ではなかった」

一方、大渕裁判長と同期の元裁判官は、大阪地裁所長襲撃事件で大渕裁判長が少年の不処分決定を取り消したというニュースを聞いて、「やっぱりなあ」と思ったという。

この元裁判官は退官して弁護士になってから、受任した事件が東京地裁八王子支部の大渕裁判長の法廷で審理された時の経験が忘れられない。「ろくすっぽ記録も読んでいないのが分かった。そういう姿勢は如実に判決に表れていました。官僚的で人権感覚の感度が鈍いところは変わってない」と振り返る。

「司法研修所の僕たちの同期で裁判官を希望していた2人が任官拒否されたので、任官された修習生30人くらいが集まって最高裁に抗議のデモをしたことがあったんですよ。最高裁の任用課長に抗議文を手渡したのですが、大渕ら数人は参加しませんでした。判事補になってから同期会で彼とは研修も同じでしたが、一緒に酒を飲みたいと思うような奴じゃなかったな」

同期の別の弁護士は、「ほかの修習生とは一線を画す傾向が大淵さんには強かったように思う」と語る。

◉最高裁調査官を経験したけれど……

大淵敏和氏は、福岡県出身の64歳。一橋大学で法律を学び、1970年に21歳で司法試験に合格した（25期）。司法修習生として福岡で実務修習後、裁判官に任官。1973年4月に東京地裁に判事補として着任し、裁判官生活をスタートさせている。

任官3年後の1976年4月には、釧路家地裁判事補、1978年6月に名古屋地裁判事補、1981年4月に札幌地家裁岩見沢支部判事補、1982年6月に札幌高裁判事職務代行、同年10月に札幌地家裁判事補・札幌高裁判事職務代行と、かなり頻繁に異動している。

翌年の1983年4月に札幌地家裁判事・札幌高裁判事職務代行となり、1984年4月には東京地裁に戻って判事に着任した。3年後の1987年4月に前橋地家裁判事に異動し、4年後の1991年4月には再び東京地裁の判事に着任。1992年から最高裁調査官を4年間務めた後、1996年4月に東京高裁判事、1997年4月に東京地裁の部総括判事(裁判長裁判官)となった。

2000年11月に東京地裁八王子支部の部総括判事に異動。2001年4月に東京地家裁八王子支部の部総括判事、2004年6月に広島高裁の部総括判事、2006年7月に福井地家裁所長と異動を重ねて、2007年11月から大阪高裁の部総括判事を務め、2011年2月に依願退官。現在は公証役場公証人。

こうした経歴を見ると、東京に戻ってくるまでに、北海道や名古屋の地方裁判所をいくつも回っているが、地方といっても大都市圏が多い。異動エリアが東京中心の「超エリート」ではないにしても、そこそこのエリート裁判官の道を歩んできたと言えるだろう。また、最高裁調査官を任されていることから、それなりに優秀だと最高裁サイドから認められていたのは間違いない。

しかし、東京地裁から東京地裁八王子支部に異動した後、東京地裁に戻らず、広島や福井といった地方に異動してから大阪高裁に来たのは、やはりいわゆる「出世コース」から外れたことを意味しているようだ。

「25期の主力は東京高裁で部総括判事をしています。東京高裁に比べると大阪高裁はどうしても格が落ちる。

エリートになり損ねた準エリートといったところではないでしょうか」と裁判官の動向に詳しい弁護士は解説する。

◉ほとんどの事件に対して有罪判決

大渕敏和裁判長は、これまでにどんな事件を担当し、どのような判決を言い渡してきたのだろうか。ここでいつものように、大渕裁判長の法廷で言い渡された主な判決を、ざっと見ることにする。

◇　◇　◇

【松本サリン事件／実行犯に懲役17年】（１９９８年６月12日、東京地裁判決）住宅街にサリンを散布して住民７人を死亡させるなどした松本サリン事件を実行し、サリン量産プラントに従事したとして、殺人や殺人予備などの罪に問われたオウム真理教の元信徒に対し、懲役17年（求刑・無期懲役）を言い渡した。

【特養ホーム厚生省汚職事件／岡光前次官に懲役２年】（１９９８年６月24日、東京地裁判決）彩福祉グループの元代表から総額約６５７０万円のわいろを受け取ったとして、収賄罪に問われた前厚生事務次官の岡光序治被告に対し、懲役２年、追徴金約６３７０万円（求刑・懲役３年６月、追徴金同）を言い渡した。

【防衛庁調本汚職事件／元本部長らに執行猶予】（１９９９年10月12日、東京地裁判決）自衛隊の装備品代金水増し請求による汚職事件で、国に約35億円の損害を与えたとして、背任罪に問われた元防衛庁調達実施本部長の諸冨増夫被告に対し、懲役３年、執行猶予５年（求刑・懲役４年）、ＮＥＣ元専務の永利植美被告ら12人の被告人に対し、懲役３年〜２年、執行猶予４年（求刑・懲役３年〜２年）を言い渡した。

【東電ＯＬ殺人事件／ネパール人のゴビンダさんに無罪】（２０００年４月14日、東京地裁判決）東京電力の女性社員が東京都渋谷区のアパートの空室から遺体で見つかった事件で、女性社員を絞殺して現金を奪ったとして強盗殺人の罪に問われたネパール国籍のゴビンダ・プラサド・マイナリ被告に対し、無罪(求刑・無期懲役)を言い渡した。

【調布駅前傷害事件/元被告4人の刑事補償請求を棄却】(2001年2月8日、東京地裁八王子支部決定)京王線の調布駅前で起きた少年グループによる傷害事件(調布事件)で無実を主張し、刑事裁判で有罪か無罪かの判断を示されずに公訴棄却(起訴自体を違法とする判断)とされた元被告4人が、無実の罪で拘束されたことについて国に計670万円の刑事補償を求めた申し立てに対し、請求棄却の決定をした。

東京高裁(原田國男裁判長)は2001年12月12日、元被告4人の請求通り全額を交付する決定をした。裁判の証拠などを検討せずに申し立てを退けた一審の東京地裁八王子支部決定を批判した。

【そば店員殺害の被告2人に無期懲役】(2001年4月24日、東京地裁八王子支部判決)そば店の店員を殺して奥多摩の山林に埋めたとして、強盗殺人や死体遺棄などの罪に問われた2人の男に対し、それぞれ求刑通り無期懲役を言い渡した。

【ストーカー男に保護観察付き執行猶予】(2001年5月7日、東京地裁八王子支部判決=単独)復縁を迫る電話を女子高生にかけ続けたとして、ストーカー規制法違反などの罪に問われた無職の男に対し、懲役2年、保護観察付き執行猶予5年(求刑・懲役2年)を言い渡した。

【西武遊園地駅ホーム暴行死事件/無職男に懲役5年】(2002年3月26日、東京地裁八王子支部判決)西武多摩湖線の西武遊園地駅ホームで横浜市泉区の会社員を殴って死亡させたとして、傷害致死罪に問われた無職の男に対し、懲役5年(求刑・懲役6年)を言い渡した。

【東村山ホームレス暴行死事件／元都立高生に実刑】（２００３年１月31日、東京地裁八王子支部判決）東京都東村山市のゲートボール場でホームレスの男性が中高生の少年らに集団暴行されて死亡した事件で、傷害致死の罪に問われた元都立高校生の少年（当時17歳）に対し、懲役２年６月以上５年以下の不定期刑（求刑・懲役４年以上７年以下）を言い渡した。

【東村山ホームレス暴行死事件／別の元都立高生も実刑】（２００３年２月４日、東京地裁八王子支部判決）東村山市のホームレスの男性が集団暴行されて死亡した事件で、傷害致死と恐喝の罪に問われた別の元都立高校生の少年（当時17歳）に対し、懲役３年以上５年６月以下の不定期刑（求刑・懲役４年以上７年以下）を言い渡した。

【連続強姦事件の男に懲役20年】（２００３年３月７日、東京地裁八王子支部判決）小平市と東村山市で計７人の女性に包丁を突き付けて暴行を繰り返したなどとして、強姦致傷などの罪に問われた無職の男に対し、求刑通り懲役20年を言い渡した。

【放火して父子４人焼死／無職男に無期懲役】（２００４年２月17日、東京地裁八王子支部判決）盗みに入ったが成果が得られなかったことに腹を立てて、東京都町田市の民家に放火して全焼させ、父子４人を焼死させたとして、現住建造物等放火などの罪に問われた無職の男に対し、求刑通り無期懲役を言い渡した。

【一審の死刑判決を支持／下関駅の無差別殺傷事件】（２００５年６月28日、広島高裁判決）ＪＲ下関駅にレンタカーで突入し、包丁で切りつけるなどして５人を殺害したほか10人に重軽傷を負わせた無差別殺傷事件で、殺人などの罪に問われた男の控訴審で、死刑を言い渡した一審の山口地裁下関支部判決を支持し、被告側の控訴を棄却した。

【暴走族条例は合憲／一審有罪を支持】（２００５年７月28日、広島高裁判決）暴走族の集会を開いたとして、広島市暴走族追放条例違反の罪に問われた無職の男の控訴審で、懲役４月、執行猶予３年とした一審の広島地裁判決を支持し、条例は憲法違反とは言えないとして被告側の控訴を棄却した。

【心神喪失認めて逆転無罪／精神病棟殺人事件】（２００５年９月13日、広島高裁判決）精神病棟で就寝中の入院患者に火を付けて殺したとして、殺人罪に問われた男性の控訴審で、懲役６年とした一審の広島地裁呉支部判決を破棄し、心神喪失状態だったとして無罪を言い渡した。

【一審を破棄し懲役12年／強盗殺人未遂罪を適用】（２００５年10月６日、広島高裁判決）高齢者宅に押し入って全治３週間のけがを負わせて現金を盗んだなどとして、強盗殺人未遂と住居侵入の罪に問われた訪問販売の男の控訴審で、強盗致傷罪を適用して懲役８年とした一審の広島地裁判決を破棄し、強盗殺人未遂罪を適用して懲役12年を言い渡した。

【少年の「無罪」を取り消して差し戻し／大阪地裁所長襲撃事件】（２００８年３月25日、大阪高裁決定）２００４年２月に大阪地裁所長（当時）が少年らのグループに襲われた強盗致傷事件で、２００７年12月に差し戻し後の大阪家裁で刑事裁判の「無罪」にあたる不処分決定を受けた少年（当時14歳）について、家裁の不処分決定を取り消し、同家裁に再び審理を差し戻す決定をした。

弁護側はこの高裁決定を不服として最高裁に再抗告。最高裁第三小法廷（田原睦夫裁判長）は７月11日付で、不処分と判断した大阪家裁の決定を支持して、少年の「無罪」が確定した。

【警察署の塀を登った男に逆転有罪判決／建造物侵入罪を認定】（２００８年４月11日、大阪高裁判決）覆面パトカーのナンバーを確認しようと大阪府警八尾署の塀に登ったとして、建造物侵入などの罪に問われた瓦職人の控訴審で、建造物侵入罪については無罪と判断して別件の窃盗罪などで懲役3年8月（求刑・懲役5年）とした一審の大阪地裁判決を破棄し、懲役4年を言い渡した。一審判断を覆して、建造物侵入罪が成立すると認定した。

【「控訴取り下げ無効」の申し立て棄却／奈良女児誘拐殺人の死刑囚】（２００８年5月19日、大阪高裁決定）奈良女児誘拐殺人事件で、一審の奈良地裁で死刑判決を言い渡され、自ら控訴を取り下げて死刑が確定した小林薫死刑囚の弁護人が、控訴の取り下げは無効だとして控訴審の期日指定を求めた申し立てについて、弁護側の即時抗告を棄却した。最高裁第三小法廷（那須弘平裁判長）も7月7日付で弁護側の特別抗告を棄却した。

【万引き無罪判決を差し戻し】（２００８年10月17日、大阪高裁判決）知人と共謀してレンタルビデオ店でアダルトＤＶＤを万引きしたとして、窃盗の罪に問われた男性の控訴審で、無罪とした一審の大阪地裁判決を破棄し、審理を地裁に差し戻した。

【下半身露出に逆転無罪／目撃証言に疑問】（２００９年1月16日、大阪高裁判決）小6女児3人に露出した下半身を見せたとして、公然わいせつの罪に問われた土木作業員の控訴審で、懲役6月とした一審の大阪地裁判決を破棄し、逆転無罪を言い渡した。9カ月後の女児の目撃証言には疑問があると判断した。

【信号無視を認め逆転有罪／交差点の死傷交通事故】（２００９年7月31日、大阪高裁判決）右折しようとした対向車と衝突し2人を死傷させたとして、自動車運転過失致死傷の罪に問われた建設作業員の控訴審で、無罪とした一審の京都地裁判決を破棄し、禁固1年の逆転有罪を言い渡した。赤信号を無視して交差点に進入したとする検察側主張を、合理的で信用性があるとした。

【小林薫・死刑囚の再審請求を棄却／奈良女児誘拐殺人事件】（２００９年８月６日、大阪高裁決定）奈良女児誘拐殺人事件で、殺人罪などに問われ死刑が確定した小林薫・死刑囚の再審請求の即時抗告審で、奈良地裁の棄却決定を支持し、即時抗告を棄却した。

【元主任検事の調書開示命令を取り消す／郵便不正事件】（２０１１年２月10日、大阪高裁決定）郵便不正事件で、虚偽有印公文書作成などの罪に問われた厚生労働省の上村勉・元係長の裁判で、大阪地検特捜部の前田恒彦・元主任検事（証拠隠滅罪などで起訴）の供述調書などを開示するように命じた大阪地裁の決定を取り消した。

◉左右の両陪席裁判官が頑張った？

こうして、大渕裁判長が言い渡した主な判決や決定を並べてみると、東電ＯＬ殺人事件の無罪判決だけが、どうしても異彩を放って見えてくる。大渕裁判長と同期の弁護士も、「大渕君も無罪判決を出すのか」と少し意外に感じたという。

「判決は裁判官３人の合議ですからね。右陪席と左陪席の裁判官が頑張ったんじゃないですか」

東電ＯＬ殺人事件の弁護団メンバーだった弁護士の一人は、大渕裁判長が言い渡した無罪判決についてそう分析する。

地方裁判所では、軽微な事件は１人の裁判官が単独で裁判を担当するが、大きな事件になると３人の裁判官が合議体を構成して審理する。部総括判事と呼ばれるベテラン裁判官が裁判長として法廷をリードし、若手の左陪席裁判官が主任として判決文を起案することが多い。

「骨のある右陪席と人権に対する感性の強い左陪席。この２人の裁判官を説得するだけの論理性も重さも、大渕裁判長にはなかったんじゃないか。大渕裁判長のほかの判決には論理に飛躍があるが、東電ＯＬ殺人事件の一審無罪判決は綿密で事実認定も謙虚だった。両陪席の裁判官が頑張った結果じゃないかと思う」

ただし、一審の無罪判決と大渕裁判長に対する評価は、東電ＯＬ殺人事件を担当した弁護団の中でもさまざまだ。弁護団の別の弁護士は、「私は大渕裁判長に悪い印象は持っていません。検察の再勾留請求も棄却してくれたし。右陪席と左陪席だけでなく、大渕裁判長も無罪の心証を持ってくれていたと思っています」と話す。

合議の内容は秘密とされているので、３人の裁判官の間で実際にどんな議論がされたかは一切分からない。ただ、一つだけはっきりしていることがある。東京地裁の東電ＯＬ殺人事件の公判中、大渕裁判長には居眠りが目立っていた。これは有名な事実だ。

東電ＯＬ殺人事件の裁判を一審から傍聴していた支援者の男性は、「裁判長が法廷でよく寝ていたので、大丈夫かなと思っていました」と法廷の様子を振り返る。

「いつもというわけではないけれど、こっくりこっくりと舟を漕ぐ感じで、突然がくっと頭が落ちるんです。でも法廷ではこうだけど、家に帰ってからしっかり記録を読んでいるのだろうかと想像していましたが」

これについては、東京地裁の審理を欠かさず傍聴したというノンフィクション作家の佐野眞一さんも、「この裁判長はいつも居眠りをしていた」と著書の中で述べている。

弁護士や関係者らの間では、「花粉症らしい」とか「体調を崩していたのか」などとささやかれた。先ほどの支援者の男性は、「そう言えば、暑くないのにハンカチで額の汗を拭う仕草も裁判長はよくしていました」

と証言する。いずれにしてもその分、左右の両陪席の裁判官に責任が重くのしかかったのは間違いない。

◉合議の原則は対等自由な徹底議論

重大事件を扱う場合、判決は独立した3人の裁判官が対等な立場で「合議」で行うことになっている。しかしそうは言っても、裁判官としての経験に大きな開きがある上に、実際には上下関係があるので、対等に自由に議論するのは難しい雰囲気があるのが現実の裁判所の姿だ。

若手の裁判官はベテランの裁判長にはなかなか逆らえず、裁判長の意向に黙って従うことが多いという。

これに対して、九州の法科大学院で教授を務める元裁判官は、「執行猶予が付くか付かないかみたいな軽微な事件は別にして、死刑や無期懲役といった重大な事件では、2対1の多数決で評決したことは一度もない。裁判官3人の意見が一致するまで、とことん徹底的に議論しました」と話す。

「親しい先輩裁判官たちに聞いたことがあるが、3人の意見が一致するまで合議したとみんな言っていた。評決は使わないという不文律みたいなものがあって、僕が裁判長の合議体でも記録を何回も読み直して納得するまで議論しましたよ。僕たちの時代はそうやって鍛えられたし、若手も自由に意見を言ったが、最近の陪席裁判官はおとなしくて反骨精神がない人が増えているのは残念ですね」

冤罪事件に熱心に取り組んでいるベテラン弁護士は、「高裁だとそれなりに力をつけた働き盛りの裁判官が右陪席と左陪席に座っているが、地裁の両陪席は裁判長にべったりです。まだ駆け出し裁判官の左陪席が、裁判長に逆らって頑張るなんてちょっと考えられないですね。弁護士としては、高裁なら左陪席を説得しよう、地裁なら裁判長を説得しようと考えるのが普通です」と解説した。

その上で、「だけど東電ＯＬ殺人事件の場合、右陪席と左陪席がすごく頑張ったということもなくはない」と付け加えた。

少年事件に詳しい弁護士は、「東電ＯＬ殺人事件の一審は、右陪席と左陪席に裁判長が押し切られたのかな。不本意ながら無罪判決を朗読したのかもしれない。そういう裁判長は過去にもいますから」と分析した。

池《いけ》田《だ》耕《こう》平《へい》

元東京高裁部総括判事・現公証役場公証人

「強制執行妨害事件」で、安田弁護士逆転有罪

◉安田弁護士にまさかの逆転有罪判決

強制執行妨害罪に問われた安田好弘弁護士の控訴審で、東京高裁は2008年4月23日、一審の東京地裁の無罪判決を破棄し、罰金50万円（求刑・懲役2年）の逆転有罪を言い渡した。この判決を言い渡したのが、刑事11部の池田耕平裁判長だった。

被告人とされた安田弁護士は、オウム真理教の前代表・松本智津夫（麻原彰晃）死刑囚の主任弁護人や、山口県光市母子殺害事件の差し戻し控訴審で死刑判決を受けた元少年の主任弁護人を務め、死刑廃止運動でも中心的な役割を果たしてきたことで知られる。

安田弁護士は、顧問弁護士を務めていた不動産会社の社長らと共謀して、不動産会社が所有していたビルのテナント賃料を、ダミー会社の口座に入金させて約2億円の財産を隠し、債権者による差し押さえを免れようとしたとして、1998年12月に逮捕・起訴された。オウム真理教の松本死刑囚の一審公判中だった。主任弁護人として精力的な弁護活動を展開する安田弁護士が、裁判長期化に手こずる検察にとって実に厄

介な存在だったのは間違いない。

これに対して弁護団は、「安田弁護士の行為は経営再建のための指導で、犯罪の構成要件には当たらない。捜査当局による証拠捏造事件であり、弁護士業務への国家の不当介入だ」と一貫して無罪を主張。安田事件の一審の弁護団には全国から1200人を超える弁護士が名前を連ね、控訴審では弁護団を支える弁護士は2100人にまで膨れ上がった。

一審の東京地裁(川口政明裁判長)は2003年12月、安田弁護士側の主張を全面的に認めて、検察側の描いた公訴事実をことごとく否定する無罪判決を言い渡した。さらに検察側の捜査や立証活動について厳しく批判し、「取り調べには不当で強引な誘導があった。検察官の態度はアンフェアだった」と指摘した。

◉「検察のカオ立てた政治的判決だ」

一審の川口政明裁判長は、判決理由を朗読してから被告人席の安田弁護士に向かって、「あなたが起訴されてからちょうど満5年になります。私なりに事件解明に努力したつもりです。今度法廷でお会いする時には、今とは違う形でお会いできることを希望します」と語りかけた。そして最後にもう一度、「本件各公訴事実につき、被告人は無罪」と主文を読み上げた。

裁判長が主文を2回も繰り返して読み上げるのは極めて異例だ。

「川口裁判長の最後の言葉には、誠実さがにじみ出ていると感じました。判決理由の検察批判のくだりは、ここまで事実をゆがめたことへの裁判官の怒りですよ。私の逮捕は、弁護活動をさせないための政治的意図があったとしか考えられません」と安田弁護士は一審判決を振り返る。

ところが控訴審で、東京高裁の池田耕平裁判長は、「主文。原判決を破棄する。被告人を罰金50万円に処する」と逆転有罪判決を言い渡した。「不当判決だ」と傍聴席から野次が飛ぶと、池田裁判長は「静かにしてください」と制してから、「未決勾留日数のうち1日を1万円に換算して罰金額に算入する」と主文を続けた。

約10カ月を東京拘置所で身柄拘束された安田弁護士は、仮に判決が確定したとしても罰金を支払う必要はない。また、弁護士法では禁固以上の刑が確定すると弁護士資格を失うが、罰金刑だと弁護士資格は失わない。

控訴審判決は、「安田弁護士は巧妙な強制執行妨害策を助言した。助言は重要な役割を果たした」と認定した上で、「安田弁護士は実行行為には関与しておらず、共謀ではなく幇助にとどまる」と判断した。

「控訴審の裁判官は検察側の控訴趣意書や証拠しか読んでいないし、厳格な証拠評価や事実認定もやっていない。まさに検察のカオを立てた政治的判決。壮大な妥協判決だ」と安田弁護士は批判する。

司法統計年報によると、刑事事件の裁判で被告・弁護側の控訴が認められた判決はわずか15％ほどなのに対して、検察側の控訴による逆転判決率は80％近い。「高裁は検察の代理人だ」と安田弁護士は話す。

「東京高裁の裁判官は司法行政の枠の中で生きている。政治的判断でしか動かない行政官（役人）になってしまって、裁判官ではない。原田國男裁判長（本書34頁参照）のような存在は例外でしょう」

●白木高裁長官の路線に乗っただけ？

池田裁判長は、控訴審のほとんど終わり近くなってから東京高裁裁判長に着任し、安田弁護士の事件を担当した。

「検察側証人について司法取引のような供述はあったのか、自白に任意性はあるのかなど、捜査を担当した検察官を控訴審で調べたのは、池田裁判長の前任者の白木勇裁判長です。控訴審の実質的な裁判長は白木氏で、彼が今回の判決の道筋をつくったようなものですよ。まさに『白木シフト』『白木コート』と言ってもいい」

白木勇氏は、これまでに最高裁刑事局長や最高裁上席調査官、東京高裁長官などを歴任し、現在は最高裁判事を務める。東京高裁刑事11部の裁判長から東京地裁所長、広島高裁長官と猛スピードでステップアップを重ね、わずか1年半の間に、現場の裁判官としては最高位の東京高裁長官にまで上り詰めた「超エリート」の裁判官だ。

この白木裁判長の後任として東京高裁の裁判長に着任してから約1年半の間、池田裁判長はポーカーフェースで裁判長席に座っているだけ。安田事件の控訴審では「始めます」「終わります」などの言葉くらいしか口にしなかった。ほとんど残務整理をする司会者のようだったという。

裁判長は交代したが、左右の両陪席裁判官は変わっていない。ひょっとして池田裁判長は、主任裁判官（左陪席）が書いた判決をそのまま読み上げただけだったのだろうか。安田弁護士に判決を言い渡す際、池田裁判長は「50万」と言うべきところを「80万」と言うなど、何回も数字などを読み間違える場面があったという。

◉「人柄よくて面倒見もいい」と評判

池田裁判長の評判は、同期の元裁判官や弁護士の間でとてもいい。

「修習生の時からの付き合いだが、能力は優れているし人権感覚もある。人間的にもバランスのとれた考えの持ち主で、非の打ち所のない優秀な裁判官だよ。僕らの期ではトップクラスじゃないかな」と元裁判官の一人は話す。それだけに、前任者の白木・前東京高裁長官の影響については否定的だ。

「おかしいと思ったら審理をもう一度やり直して、前任者とは異なる判断に変えることはできる。証拠調べが終わっていて事実関係が同じであっても、評価は裁判官によって違う。裁判官は自由なんだから、前任者の影響を受けるなんてことはあり得ないし、彼はそんな男ではないと思う」

別の元裁判官も、「人柄はよくて面倒見もいい。同期の裁判官が病気になった時、みんなに輸血を呼びかけたりしていた。うちらの期ではエースだ」と評価する。その上で安田事件の控訴審判決について、この元裁判官は「両陪席の間で結論は決まっていたのかもしれない。合議で2対1で負けた可能性はあるんじゃないか」と推測した。

「若い裁判官は、裁判長よりも最高裁の意向を選ぶからね。僕も左陪席から面と向かって、あなたの考えは最高裁では通用しませんよと言われたことがある。しかも高裁になると陪席裁判官もキャリアを積んだベテランがそろっている。ほとんどの事件では主任裁判官（左陪席）が起案してそれをもとに合議をするので、そこで結論を引っくり返すのは大変でしょうね」

また同期の弁護士は、「姿勢が低くて庶民的な感覚があるし、とても気さくで良心的な人ですよ。池田さんのことを悪く言う話は聞いたことがないな」と話す。だから、安田弁護士に逆転有罪を言い渡した判決は意外な感じがしたという。

「無罪判決の主張に同調してもらえなくて合議で負けたのだとしたら、辞めるしかないかもしれないね。もしそうだったら無念だったろう」

◉法相官房法制課長や最高裁調査官も経験

池田耕平氏は、岡山県出身の66歳。東京大学で法律を学び、1970年に23歳で司法試験に合格（25期）。翌年に東大を中退した。

司法修習生として神戸で実務修習後、裁判官に任官。1973年4月に東京地裁に判事補として着任し、裁判官生活をスタートさせている。

任官2年後の1975年7月には、法務省刑事局付となり、1979年4月に再び東京地裁に戻って判事補を務め、1983年4月に福岡地家裁の判事に就任する。3年後の1986年4月には、那覇地裁判事・福岡高裁那覇支部判事職務代行となった。

さらに1988年4月から法務大臣官房司法法制調査部参事官、1991年4月には同司法法制課長といずれも法務行政の重要ポストを歴任。1993年4月に東京地裁判事に異動し、翌年4月から4年間は最高裁調査官を経験している。その後、1998年4月には東京地裁の部総括判事（裁判長裁判官）となって、

２００５年5月から佐賀地家裁所長を務めた後、２００６年10月に東京高裁の部総括判事に着任。２００８年11月17日付で依願退官した。現在は公証役場公証人。

現場の裁判官として地方に出たのはわずか5年ほどで、裁判官生活の大半を東京で過ごしている。しかも、司法法制課長や最高裁調査官など法務・司法行政中枢の経験も決して短くはない。それなりの「エリート街道」を歩んできた裁判官と言っていいだろう。

◉定年4年前になぜか依願退官

ところが、池田裁判長は定年までまだ4年もあるというのに、時期はずれの２００８年11月に依願退官してしまった。

池田裁判長の法廷で刑事事件を担当した弁護士は、退官直前の時期の審理で、池田裁判長がやけに焦っているふうだったので不思議に思ったと振り返る。

「控訴審の判決期日を、何がなんでも10月中に入れたいという感じでしたよ。普通なら結審してから、もう少しゆとりを持って遅い時期に判決期日を入れるのですがね。11月に人事異動でもあるみたいな雰囲気でしたが、まさか本人が退官するとは思わなかったですね」

事情通の話によると、近いうちに公証人のポストに空きが出るようで、どうやら池田裁判長はその後任として公証人になるために依願退官したらしい。

公証人は公証役場で公正証書を作成し、法人などの定款に対する認証を付与するのが仕事だ。多くの場合、30年以上の実務経験のある法曹資格者（裁判官、検察官、法務官僚のＯＢが中心）が任命される。裁判官の定年は65歳だが公証人は70歳まで勤務できるので、タイミングよく希望地域のポストに空きがあれば、裁判官が定年を待たずに早めに退官することは珍しくない。

池田裁判長をよく知る元裁判官は、「彼の性格からいって、他人を蹴落としてまで偉くなろうと思ったり出世を気にしたりするような人間ではない。裁判所に嫌気が差して辞めたんじゃないかな」と話す。

しかし一方で、こんな厳しい見方をする弁護士もいる。

「公証人のクチがあるからといって、そんなにバタバタと焦ったように判決期日を入れるのはどうなんでしょうね。自分の都合を優先させて、被告人のことなど何も考えていないということではないですか」

◉脱税など経済事件で数多くの判決

池田耕平裁判長は、これまでにどんな事件を担当し、どんな判決を言い渡してきたのだろうか。主な判決をざっと見てみる。

◇　◇　◇

【国税汚職の元調査官に実刑／脱税に協力して収賄】（1998年6月29日、東京地裁判決）確定申告の調査資料を抜き取るなどして税理士の脱税工作に協力し、見返りに税理士から現金1700万円の賄賂を受け取ったなどとして、加重収賄罪に問われた元国税調査官・浅田輝雄被告に対し、懲役3年、追徴金1700万円（求刑・懲役4年、追徴金1700万円）を言い渡した。

【国税汚職の元税理士も実刑／脱税協力を依頼し贈賄】（1998年7月21日、東京地裁判決）資産家の依頼で2億2000万円を脱税し、脱税工作に協力してもらう謝礼として国税調査官に現金を渡したなどとして、所得税法違反と贈賄罪に問われた元税理士・松尾玉広被告に対し、懲役4年6月、罰金7000万円（求刑・懲役7年、罰金1億円）を言い渡した。

【関空元社長に執行猶予／石油卸商の泉井被告から収賄】（1998年9月1日、東京地裁判決）関西空港の清掃業務の受注業者選定で、石油卸商「泉井石油商会」代表の泉井純一被告から接待され絵画や現金など計約217万円相当のわいろを受け取ったとして、関西国際空港会社法違反（収賄）の罪に問われた元運輸次官で同社元社長の服部経治被告に対し、懲役1年6月、執行猶予3年、追徴金約174万円（求刑・懲役2年、追徴金約174万円）を言い渡した。

【関空の汚職脱税事件／泉井被告に懲役2年の実刑】（1998年10月13日、東京地裁判決）関西空港の清掃事業汚職や巨額詐欺など3事件で、関西国際空港会社法違反（贈賄）と詐欺、所得税法違反（脱税）の罪に問われた石油卸商「泉井石油商会」代表の泉井純一被告に対し、懲役2年、罰金8000万円（求刑・懲役7年、罰金1億2000万円）を言い渡した。三井鉱山からの約24億円の融資をめぐる詐欺罪については、だまそうとする意思はなく犯罪の証明がないなどと判断して無罪とした。

【道路公団汚職事件／井坂元理事に執行猶予】（1998年12月24日、東京地裁判決）日本道路公団の外債発行で便宜を図る見返りに、野村証券や日本興業銀行など計7社側からゴルフ接待や商品券など総額約720万円相当のわいろを受け取ったとして、収賄罪に問われた元大蔵省キャリア官僚で公団元経理担当理事の井坂武彦被告に対し、懲役2年6月、執行猶予3年、追徴金約684万円（求刑・懲役3年、追徴金約684万円）を言い渡した。

【脱税の日交管グループオーナーに実刑】（1999年5月31日、東京地裁判決）信号機メンテナンス会社「日本交通管制技術」（現・テイネット）グループ6社が約26億7800万円の所得を隠して計約9億9000万円を脱税した事件で、法人税法違反の罪に問われた実質的オーナーに対し、懲役3年（求刑・懲役5年）を言い渡した。

【東京協和信組の元理事長に実刑／乱脈融資で背任】（1999年10月5日、東京地裁判決）破たんして解散した「東京協和」「安全」の2信用組合の乱脈融資事件で、総額約220億円の背任罪に問われた元東京協和信組理事長・高橋治則被告に対し、懲役4年6月（求刑・懲役6年）を言い渡した。安全信組の鈴木紳介元理事長や元労相の山口敏夫・元代議士らとの共謀も認定した。

【刑事公判記録の閲覧コピー／被害者遺族に許可】（2000年11月13日、東京地裁決定）法外な料金を要求するキャッチバーの店長や店員に暴行されて男性が死亡した強盗致死事件で、被害者遺族が申し立てた被告人の刑事公判記録の閲覧とコピーを許可した。2000年11月1日に施行された犯罪被害者保護法に基づき、東京地裁で初めて許可された。

【キャッチバー元店長に懲役15年／暴行致死事件】（2001年4月9日、東京地裁判決）キャッチバーで客を殴り現金やキャッシュカードを奪ってショック死させたとして、強盗致死罪などに問われた同店の元店長に対し、懲役15年（求刑・無期懲役）を言い渡した。同月6日には共犯の元店員4人に対し、懲役14年〜同12年を言い渡した。

【税務コンサルタントの元監査役に実刑／脱税工作を請け負い】（2001年5月11日、東京地裁判決）芸能プロダクションなど3社の法人税など計約5億円を脱税したとして、法人税法違反や所得税法違反の罪に問われた税対策コンサルタント会社「ネオギルド」元監査役に対し、懲役4年、罰金1億8000万円（求刑・

懲役6年、罰金2億円)を言い渡した。同年7月12日には、元社長に対し、懲役3年6月、罰金9000万円(求刑・懲役5年、罰金1億円)を言い渡した。

【KSD汚職事件/古関前理事長に執行猶予】(2002年3月26日、東京地裁判決)ケーエスデー中小企業経営者福祉事業団(KSD)事件で、元労相の村上正邦被告と元労働政務次官の小山孝雄被告の元参院議員2人に計約3400万円のわいろを渡したなどとして、贈賄などの罪に問われたKSD前理事長の古関忠男被告に対し、懲役3年、執行猶予5年(求刑・懲役4年)を言い渡した。

【野村沙知代被告に執行猶予/2億1000万円脱税】(2002年5月1日、東京地裁判決)架空の役員報酬や衣装代の計上などで所得を隠し約2億1000万円を脱税したとして、法人税法違反と所得税法違反の罪に問われたタレントで宣伝企画会社「ノムラ」と「デイーアンドケイー」社長の野村沙知代被告に対し、懲役2年、執行猶予4年、罰金2100万円(求刑・懲役2年、罰金2600万円)を言い渡した。「ノムラ」など2社には罰金計3200万円(求刑・罰金計3900万円)を言い渡した。

【ヤクルト元副社長に懲役7年/外債取引で巨額損害】(2002年9月12日、東京地裁判決)クレスベール証券が販売したプリンストン債の取引で会社に巨額の損害を与えたなどとして、商法の特別背任や所得税法違反など5つの罪に問われたヤクルト本社の元副社長に対し、懲役7年、罰金6000万円(求刑・懲役8年、罰金7000万円)を言い渡した。証券取引法違反(虚偽半期報告書提出)の罪に問われたヤクルト本社には、求刑通り罰金1000万円を言い渡した。

【クレスベール証券東京支店の元会長に懲役3年】(2002年10月10日、東京地裁判決)償還不能となった多額のプリンストン債の販売で、商法違反(特別背任)や証券取引法違反(偽計取引)などの罪に問われたクレスベール証券東京支店の元会長に対し、懲役3年、罰金6400万円（求刑・懲役6年、罰金8000万円）を言い渡した。

【前下妻市長の実刑支持／業際研を通じた贈収賄事件】（2007年3月14日、東京高裁判決）コンサルタント会社「業際都市開発研究所」（業際研）の元社長らを通じて、市立図書館建設工事の予定価格を建設会社「戸田建設」に教え、見返りに業者から約577万円の賄賂を受け取ったなどとして、加重収賄と競売入札妨害の罪に問われた茨城県下妻市の前市長・山中博被告の控訴審で、一審の東京地裁判決（懲役2年6月）を支持し、被告人側の控訴を棄却した。

【殺害幇助の元少女の執行猶予支持／奥多摩遺体切断事件】（2007年8月8日、東京高裁判決）奥多摩町で男性の切断遺体が見つかった殺人事件で、殺人罪と死体損壊・遺棄罪などに問われた元少女の控訴審で、元少女を殺害の幇助犯と判断した一審の東京地裁判決（懲役3年、執行猶予5年）を支持し、被告人側と検察側の双方の控訴を棄却した。

【元銀行員の無罪支持／五菱会ヤミ金資金洗浄事件】（2007年9月12日、東京高裁判決）暴力団山口組系の旧五菱会によるヤミ金融グループ資金洗浄事件で、組織的犯罪処罰法違反（犯罪収益隠匿）の罪に問われたクレディ・スイス香港の元行員の控訴審で、一審・東京地裁の無罪判決を支持し、検察側の控訴を棄却した。

【渋谷の女子大生誘拐事件／控訴審も無期懲役】（2007年12月26日、東京高裁判決）美容外科クリニック院長の大学生の長女を誘拐したとして、身代金目的誘拐などの罪に問われた中国籍の男と日本人の男の控訴審で、一審の東京地裁判決（両被告とも無期懲役）を支持し、被告人側の控訴をいずれも棄却した。

【安田弁護士に逆転有罪／強制執行妨害事件で罰金刑】（2008年4月23日、東京高裁判決）顧問弁護士を

務めていた不動産会社の社長らと共謀して財産を隠し、債権者による差し押さえを免れようとしたとして、強制執行妨害罪に問われた安田好弘弁護士（オウム真理教の前代表・松本智津夫死刑囚や、山口県光市母子殺害事件の差し戻し控訴審で死刑判決を受けた元少年の主任弁護人）の控訴審で、一審の東京地裁の無罪判決を破棄し、罰金50万円（求刑・懲役2年）を言い渡した。安田弁護士は実行行為には関与しておらず、共謀ではなく幇助にとどまると判断した。逮捕後の勾留期間を刑に算入するとしたために、仮に判決が確定したとしても罰金を支払う必要はない。

【元組員の無期懲役を支持／町田の都営住宅立てこもり事件】（２００８年８月25日、東京高裁判決）暴力団員を射殺し、東京都町田市の都営住宅に立てこもって警察官に発砲したとして、殺人や殺人未遂などの罪に問われた暴力団極東会系元組員の控訴審で、一審の横浜地裁判決（無期懲役）を支持し、被告人側の控訴を棄却した。

【ジー・オー元社長の懲役18年を支持／投資詐欺事件】（２００８年10月20日、東京高裁判決）投資名目で資金を集めて会員から約13億円をだまし取ったとして、詐欺と組織的犯罪処罰法違反（組織的詐欺）の罪に問われた「ジー・オーグループ」元社長の大神源太被告の控訴審で、一審の東京地裁判決（懲役18年）を支持し、被告人側の控訴を棄却した。

◉「まるで他人事」厳しい批判の声も

こうして見ると、池田裁判長が審理して言い渡した判決は、汚職や脱税、詐欺といった経済事件が圧倒的に多い。もちろん経済事件だけを担当しているわけではなく、東京地裁で審理された「警視総監公舎爆破未遂事件」では、主任裁判官として無罪を言い渡したこともある。

先ほど紹介した池田裁判長と同期の元裁判官らと同じように、冤罪事件をいくつも担当している弁護士の一人は、「威圧的だとか強権的な雰囲気はなく、ソフトで人の話をしっかり聞く雰囲気を漂わせている。池田さんに悪いイメージは持っていない」と話す。

しかし、最近の池田裁判長の法廷を知る弁護士や司法記者からは、そういった好印象の評価とは異なって、かなり厳しい批判の声も聞こえてくる。

風俗嬢を強姦して現金を奪ったとされる強盗強姦事件の控訴審を取材した記者は、「池田裁判長はまるで他人事のようで、左右の陪席裁判官にすべて任せっきりでした。計4回開かれた控訴審で、裁判長は1回も質問しませんでしたね」と話す。

「被告人はこの風俗嬢と合意の上でこれまで十数回も性行為をしているのに、捜査情報の開示請求や証拠申請はすべて却下し、女性の証言だけに基づいて懲役13年の一審判決をそのまま支持しました。一審判決は明らかにおかしいので、控訴審では何らかの形で見直すと思っていたのですが。裁判官たちは何の疑問も抱かなかったのでしょうか」

この法廷は筆者も傍聴したが、池田裁判長は黙ったまま。被告人に対する両陪席裁判官の質問はいずれもピントがずれていて非常識だったため、傍聴席からたびたび失笑が漏れていた。

◉「いかにも官僚的」裁判所に嫌気？

池田裁判長の法廷で審理された事件を何回か担当したベテラン弁護士は、「表情は穏やかで人柄もいい感じなので評判は悪くないのだろうが、しかし判決はそれとは全く違う厳しいものばかりだった」と指摘する。

「安田弁護士に対する有罪判決が合議で負けた結果ではないかという話は、ちょっと考えられないですね。そんな信念はないでしょう。実刑にして安田さんの弁護士資格をはく奪することはしたくないが、検察のカオを立てようとすると無罪の判断もできない。どちらのカオも立てたということではある意味バランスの取れた、いかにも官僚的で役人的な判断ではないですか」

池田裁判長が依願退官する直前の法廷での様子や最近の評判を見聞きすると、もしかすると、東京高裁の裁判長になってから池田氏は「やる気」を失い始めたのかもしれないとも思える。そう考えると、合議で負けたかどうかの真偽のほどは分からないが、「裁判所に嫌気が差して辞めたんじゃないか」という元裁判官の見方は、あながち外れてもいないような気がしてきた。

大《おお》島《しま》隆《たか》明《あき》

東京高裁部総括判事

「横浜事件」再審で免訴、「葛飾ビラ配布」に無罪

◉事件の「でっちあげ」認める再審開始決定

戦時下最大の言論弾圧事件といわれる「横浜事件」で、治安維持法違反で有罪とされた元雑誌編集者の遺族が申し立てた第４次再審請求に対し、横浜地裁刑事２部の大島隆明裁判長は２００８年10月31日、再審開始を決定した。

「横浜事件」とは、１９４２年に雑誌「改造」に掲載された論文が共産主義を宣伝したとされ、執筆した政治学者の細川嘉六氏（故人）が逮捕されたことが発端となり、論文発表前に、細川氏が郷里の富山県泊町（現在は朝日町）に編集者らを招いた会合が「共産党再建の準備会」だとされた事件である。改造社や中央公論社、日本評論社、朝日新聞社などの編集者ら約60人が治安維持法違反容疑で次々に逮捕された。

捜査を担当した神奈川県警特別高等課（特高警察）は、拷問による取り調べで自白を強要し、４人が獄死して約30人が有罪判決を受けた。元被告や遺族は１９８６年から４回にわたって再審請求。第１次と第２次請求は棄却されたが、再審が認められた第３次請求では、治安維持法がすでに廃止されていることなどを理由

に、有罪か無罪かの判断をせずに裁判を打ち切る「免訴」の判決が2008年3月に最高裁で確定した。

第4次請求に対する再審開始決定で大島裁判長は、「特高警察の拷問による自白に信用性はない」と指摘して捜査当局のでっち上げを認め、当時の判決の事実認定を否定した。「共産党再建のための秘密の準備会」だとされた富山の会合については、「雑誌編集者らを招いて接待する単なる慰労会だった」と言及。執拗に拷問された事実を訴える口述書や会合の集合写真などは、無罪を言い渡すべき明確な新証拠であると述べて、事実上の「無罪判決」と言える判断を示した。

また再審開始決定では、当時の裁判記録が裁判所や検察によって焼却された点にも触れて、「不都合な事実を隠蔽しようとする意図で廃棄した可能性が高い」と司法関係者の責任も指摘した。

事件そのものが虚構であると認めたに等しい決定に、関係者は「画期的な内容だ」と高く評価して再審判決に期待した。

ところが、再審開始決定から5カ月後の2009年3月30日に大島裁判長が言い渡した判決は、有罪か無罪かの判断をせずに裁判の手続きを打ち切る「免訴」だった。

◉「刑事補償請求」で実質無罪を示唆

再審判決で大島裁判長は、自身の再審開始決定を引用する形で「無罪を言い渡すべき新証拠」を示したが、戦後に治安維持法が廃止されて大赦を受けたことから、「(有罪・無罪の)実体判決はできないものと解さざるを得ない」として「免訴」を言い渡した。

ただその一方で判決は、「免訴判決では無罪の公示がされないことなどから、名誉回復を望む遺族らの心

情に反することは十分に理解できる」と述べた。
その上で、「もし免訴理由がなければ無罪判決を受けるべきものと認められる十分な理由がある時は、国に身柄拘束の補償を請求できる」と規定する刑事補償法を示し、補償決定が確定すれば官報と新聞紙上に公示されることになって、実質的には無罪判決に等しい名誉回復が可能であると示唆した。
無罪判決を期待していた元被告の遺族は、免訴判決に悔しさをにじませた。
元被告の雑誌「改造」編集者だった小野康人さん（故人）の次男で、第4次再審の請求人の小野新一さんは「非常に残念です。無罪判決を信じていたのに怒りが込み上げます。裁判所の壁は厚い」、長女の斎藤信子さんは「がっかりしました。大島裁判長は精いっぱいのことをおっしゃったのだと思いますが、司法は人間的な判断をするところであってほしい」と感想を語った。

◉最高裁の縛りの中で精いっぱい努力

弁護団も無念な思いは遺族と同じだが、しかし大島裁判長の判決内容には一定の評価と理解を示した。

大川隆司弁護団長は、「判決主文で無罪と書くか、主文は免訴でも判決理由に実質的に無罪と書くか、そのどちらでもなかった。結論を刑事補償手続きに先送りしたのは非常に残念だが、実質無罪だと判決の中で述べたい気持ちは大島裁判長にはあると思う。最高裁判決の縛りがある中で、木で鼻をくったような判決ではなく、今後の刑事補償手続きの中で有効に活用すべき具体的材料を指摘している点で、精いっぱいの努力をしてくれたのではないか」と話す。

主任弁護人の佐藤博史弁護士も、「最高裁の縛りのある中で、ギリギリの言い方をしたとの評価はできるかもしれない。無罪判決は出せなかったが、刑事補償請求の審理の中で名誉回復の実体判断を示しますよということだ。国家が過ちを犯した場合に裁判所がただすことができないのは残念で、法律とは本当に冷たいものだと思う」と述べた。

「横浜事件」の弁護団には関わっていないが、刑事事件に熱心に取り組んでいる若手弁護士の一人も、「最高裁判例との関係で免訴にはしているが実質的には無罪の内容だ。しかも、刑事補償請求をすれば実質無罪になる可能性まで示している。過去の判例から見ても優れた判決だと思う」とこの免訴判決を評価する。

判決主文にはっきり「無罪」と書いてもいいが、それだと高裁や最高裁で引っくり返されるのは容易に想像できる。無罪判決を出すことが、必ずしも遺族の思いに答えることにはならないこともある。

「当事者のことを考えて免訴の判断をしたのでしょう。バランス感覚のある裁判長だと思います」

◉ずさんな捜査をチェックする無罪判決

この後にまとめた判例一覧を見てもらえば分かるように、杉並の寿司店放火事件、葛飾のマンションビラ配布事件など、大島裁判長はこれまでに無罪判決をいくつも言い渡している。

「裁判官が無罪を言い渡すには相当な勇気を必要とする」「無罪判決を書くのは長い裁判官生活を通して1回あるかどうか」などと揶揄されるほど、日本の刑事裁判で無罪判決は珍しい。捜査当局の捜査や取り調べについて疑問を差し挟むようなことはせず、被告人よりも検察官の主張を信じてしまう裁判官が多いからだ。いったん起訴された刑事事件の有罪率は99・9％と指摘されるゆえんでもある。

そうした中で、大島裁判長はきわめて貴重な裁判官の一人と言っていいだろう。

大島裁判長の無罪判決は、起訴された内容をきちんと吟味した上で捜査の矛盾やずさんさを指摘し、「犯罪構成要件を満たしていない」「犯罪の証明がない」などと根拠を明示して判断しているのが特徴だ。「疑わしきは被告人の利益に」という刑事裁判の基本原則を、忠実に実践しているようにも見える。

検察官の評判は、当然のことながらあまりよくないらしい。「あれは変人だ」「早く異動してほしい」といった愚痴が漏れ伝わってくる。捜査当局にとっては厄介な存在かもしれないが、それだけ捜査機関に対する裁判所としての「チェック機能」を働かせていることの証明でもあるだろう。

しかも、無罪判決に対して検察側が控訴するかといえば必ずしもそうでもない。検察が控訴を断念して、一審の大島判決がそのまま確定することも実は少なくないのだ。上級審でも無罪が覆されないだけの判決理由が、明確に示されているからにほかならない。

◉シャイで自己顕示欲や権力欲がない

東京地裁で大島裁判長の法廷を経験したことのある弁護士の一人は、「量刑は比較的軽くて決して厳罰主義ではない。訴訟指揮も穏やかな印象です」と話す。

「弁護側から訴訟指揮に異議を申し立てたら、考え直して撤回したことが何回かありました。気が弱いのか、人の顔を見てしゃべらない傾向がある。刑事裁判官のタイプとしては珍しいかもしれませんね」

確かに大島裁判長は、判決言い渡しの際もずっと下を向いて、書類に目を向けたまま早口で読み上げ、被告人や関係者とも目を合わさないことが多い。

司法修習で同期の弁護士の一人は、「大島さんはまじめでおとなしい修習生だった」と当時の印象を語る。同期の別の弁護士は、「大島さんは自分を売り込むのが下手なところがある。シャイで自己顕示欲や権力欲がない」と話す。

一方、実務修習なども一緒で親しかった同期の弁護士は、「博識ですごく頭のいい人です。人をやり込めたりすることもなく、穏やかな感じで人の話もよく聞く。何にでも幅広く興味を持って好奇心が旺盛でしたね」と当時の様子を振り返る。民事訴訟法など修習生にあまり人気のない科目でも関心を持って、積極的に知識を吸収していたという。

親しい仲間がみんな弁護士になったこともあって、大島氏は東京で弁護士登録して1年半ほど弁護士をした（後述の経歴に詳細）。任官してからはずっと刑事裁判官だが、弁護士時代は民事事件を中心に仕事をしていたという。

「優秀な人だから、修習生のころから任官しないかという誘いは相当あったはずです。能力があるだけでなく、みんなの意見を聞いて冷静に判断できるという点で、大島さんは本来的に裁判官に向いている。優秀で頭がいいと強引で独善的になる人が多いが、彼にはそんなところがない。ああいう人が裁判所の中心にいるべきだと思いますね」

◉司法研修所教官も経験したエリート

大島隆明氏は、東京都出身の59歳。東京大学で法律を学び、1977年に23歳で司法試験に合格した(32期)。司法修習生として東京で実務修習後、1980年4月に弁護士登録する。1年半後に裁判官に任官。1981年10月に岡山地裁に判事補として着任し、裁判官としての生活をスタートさせている。

任官から2年半後の1984年4月に東京地裁判事補へ異動して、1986年4月に最高裁民事局付となり、1988年4月に福岡地家裁判事補。2年後の1990年4月には福岡地家裁の判事に就任する。同年11月に福岡高裁判事職務代行となった後、翌年の1991年4月に東京地裁に戻って判事。1994年4月から4年間にわたって司法研修所で教官を務めた。

続いて1998年4月には大阪地裁判事に異動し、翌年の1999年4月に同地裁の部総括判事(裁判長裁判官)に就任した。

2001年4月に東京高裁判事、2003年8月に東京地裁の部総括判事を経て、2006年12月に横浜地裁の部総括判事。2012年6月に金沢地裁所長に就任した後、2013年8月から東京高裁の部総括判事を務めている。

東京、福岡、大阪と、いずれも大都市の裁判所で順調に現場での経験を積み重ねるとともに、最高裁民事局付、司法研修所教官も務めている。いわゆる「エリート法曹」として厚遇されている裁判官の一人と言っていいだろう。

◉「犯罪の証明ない」いくつも無罪判決

それでは大島隆明裁判長は、これまでにどのような判決を言い渡してきたのだろうか。主な判決をピックアップしてみる。

◇　◇　◇

【放火して一家3人殺害／元トラック運転手に無期懲役】（1999年6月25日、大阪地裁判決）大阪府枚方市のタイル工事店の従業員寮にガソリンをまいて放火し、従業員の夫婦を刺殺し2歳の長女を焼死させたとして、殺人と現住建造物等放火などの罪に問われた元トラック運転手に対し、無期懲役（求刑・死刑）を言い渡した。

【組長射殺の元組員に無期懲役】（1999年12月10日、大阪地裁判決）大阪府枚方市の三和銀行ロビー内で所属暴力団の組長を射殺したとして、強盗殺人罪などに問われた元組員に対し、求刑通り無期懲役を言い渡した。

【新聞販売店に放火5人焼死／被告に無期懲役】（1999年12月17日、大阪地裁判決）盗みに入った大阪市の新聞販売店にライターで火をつけて店舗兼住宅を全焼させ、経営者の一家5人を焼死させたとして、現住建造物等放火などの罪に問われた無職男に対し、求刑通り無期懲役を言い渡した。

【目撃証言に誤り、ほかに証拠がない／衝突事故の被告に無罪】（２０００年5月15日、大阪地裁判決＝単独）赤信号で侵入した交差点でミニバイクの男性と衝突して重傷を負わせたとして、業務上過失傷害の罪に問われた軽トラック運転の男性に対し、無罪（求刑・禁固6月）を言い渡した。判決は「目撃者の証言には誤りがあると思われ、目撃証言以外に犯罪を証明する証拠がない」と判断した。

【女性飲食店主を殺し切断／夫婦に無期懲役】（２００1年3月16日、大阪地裁判決）飲食店経営の79歳の女性を絞殺して現金を奪い、遺体を切断して山中に埋めたとして、強盗殺人、死体損壊などの罪に問われた無職の男と内縁の妻に対し、求刑通り無期懲役を言い渡した。

【寿司店放火に無罪判決／自白後は一貫して無実主張】（２００4年2月23日、東京地裁判決）東京都杉並区で寿司店と自宅が入居する木造2階建ての建物に放火して半焼させ、約７００万円の火災保険金をだまし取ったとして、現住建造物等放火と詐欺の罪に問われた元寿司店経営者に対し、無罪（求刑・懲役13年）を言い渡した。捜査段階で被告人は「灯油をまいて火をつけた」と自白したが、その後は一貫して無実を訴えていた。出火場所の鑑定や実験結果などから、判決は「自白は不自然。被告人以外が放火したとの疑いが払拭できない。犯罪の証明がない」と判断した。

【連続婦女暴行に無期懲役】（２００4年3月26日、東京地裁判決）東京都江戸川区や千葉県市川市などの一人暮らし女性宅に侵入し、婦女暴行を繰り返したとして、強盗強姦の罪などに問われた元会社員に対し、求刑通り無期懲役を言い渡した。

【「建国義勇軍」刀剣団体理事に懲役7年／広島県教組に銃弾発射】（２００4年6月3日、東京地裁判決）「建国義勇軍」グループの事件で、広島県教職員組合に銃弾2発を実際に発射したとして、銃刀法違反などの罪に問われた日本刀愛好家団体「刀剣友の会」理事に対し、懲役7年（求刑・懲役10年）を言い渡した。14人が起訴された一連の事件で、実刑判決はこれが初めて。

【「建国義勇軍」メンバーに懲役7年／広島県教組銃撃】（2004年7月15日、東京地裁判決）「建国義勇軍」グループの事件で、広島県教職員組合や在日本朝鮮人総連合会（朝鮮総連）新潟県本部を銃撃したなどとして、銃刀法違反や脅迫などの罪に問われたパソコン教室講師に対し、懲役7年（求刑・懲役10年）を言い渡した。

【旅券法違反で執行猶予／よど号の安部公博容疑者の妻】（2004年10月6日、東京地裁判決）北朝鮮工作員とみられる人物と接触していたため、外務省から旅券返納を命じられたが期限までに返納しなかったとして、旅券法違反（返納命令違反）の罪に問われた、よど号ハイジャック事件の元赤軍派メンバー安部公博容疑者（現姓・魚本）の妻に対し、懲役1年6月、執行猶予4年（求刑・懲役1年6月）を言い渡した。

【江戸川の女性強盗殺人に無期懲役】（2006年8月28日、東京地裁判決）東京都の江戸川でスーツケースの中から韓国籍の女性の遺体が見つかった事件で、韓国籍の男に報酬を渡して絞殺させ、遺体を捨てさせたとして、強盗殺人などの罪に問われた韓国籍の被告人に対し、求刑通り無期懲役を言い渡した。

【寝たきりの夫を絞殺／介護の妻に執行猶予】（2005年11月24日、東京地裁判決）寝たきりの79歳の夫を絞殺したとして、殺人罪に問われた75歳の妻に対し、懲役3年、執行猶予5年（求刑・懲役6年）を言い渡した。判決は、一人で看病していた妻が将来を悲観して発作的に夫を殺害し、自首が成立することなどを認めた。

【政党ビラ配布に無罪判決／マンション立ち入り「許される」】（2006年8月28日、東京地裁判決）「都議会報告」や「区議会だより」などの共産党のビラをドアポストに配るために、東京都葛飾区の分譲マンションに立ち入ったとして、住居侵入の罪に問われた僧侶に対し、無罪（求刑・罰金10万円）を言い渡した。判決は、宅配ピザなどのメニューもドアポストに投函されている点などを指摘した上で、「政党ビラ配布を目的に昼間に短時間立ち入ることが許されない、との社会的合意が成立しているとはいえない」とし、マンションへの立ち入りには正当な理由があり、犯罪構成要件を満たしていないと判断した。

【ニセ「有栖川宮」詐欺／2被告に懲役2年2月】（2006年9月11日、東京地裁判決）旧皇族の「有栖川宮」の継承者を名乗って結婚披露宴を開き、招待客61人から計約290万円の祝儀と絵画1点をだまし取ったとして、詐欺罪に問われた無職の男女2人に対し、いずれも懲役2年2月（求刑・懲役3年）を言い渡した。検察側は被害者数を最終的に137人としたが、判決はこのうち76人については「被告人が皇族関係者でないことを知っていた」として、詐欺罪の成立を認めず一部無罪と判断した。

【酒鬼薔薇事件の加害少年調書を盗む／革マル派メンバーら6人に実刑】（2006年12月4日、東京地裁判決）神戸市の連続児童殺傷事件（酒鬼薔薇事件）をめぐって、加害者の少年の精神鑑定をした同市内の兵庫県立病院に侵入して少年の検事調書を盗んだなどとして、窃盗や建造物侵入などの罪に問われた革マル派メンバーら6人に対し、1人には懲役5年（求刑・懲役8年）、ほかの5被告には懲役2年8月～同1年10月（求刑・懲役4年～同2年6月）を言い渡した。

【ビル虚偽登記事件／菱和ライフ元社長に無罪判決】（2007年2月13日、東京地裁判決）ビルの所有権を移転させるために、指定暴力団山口組系後藤組の組長らと共謀して虚偽登記をしたとして、電磁的公正証書原本不実記録などの罪に問われた不動産会社「菱和ライフクリエイト」の元社長に対し、「元社長と組長に面識や共謀があったとの証拠は認められない」などと判断して無罪（求刑・懲役3年）を言い渡した。

【勤務中に空き巣／鎌倉署の元巡査長に執行猶予】（2007年2月19日、横浜地裁判決＝単独）勤務中に民家に空き巣に入って現金を盗んだとして、窃盗と住居侵入の罪に問われた鎌倉署地域課の元巡査長に対し、懲役2年、執行猶予5年（求刑・懲役2年）を言い渡した。

【高齢女性を強盗殺人／男に無期懲役】（2007年3月15日、横浜地裁判決）横浜市内の72歳の女性宅に未明に侵入し、物音に気付いて起きてきた女性を絞殺して現金約3万円と1万円の商品券などを奪ったとして、強盗殺人などの罪に問われた無職の男に対し、求刑通り無期懲役を言い渡した。

【資産隠し指南の弁護士に懲役2年】（2007年4月17日、東京地裁判決）破産宣告された依頼人の資産隠しを指南したとして、破産法違反の罪に問われた東京弁護士会の山下進弁護士に対し、懲役2年（求刑・懲役3年）を言い渡した。

【無免許運転の身代わり教唆／中国人留学生に無罪判決】（2007年7月11日、横浜地裁判決＝単独）バイク同士が衝突した交通事故で、一時停止を無視して無免許運転だった相手の少年に、身代わりとして友人が運転したことにするようにそそのかしたとして、犯人隠避教唆の罪に問われた中国人留学生の大学院生に対し、無罪（求刑・懲役10月）を言い渡した。検察側は「無免許運転の相手だと保険金が出ないと考えて、身代わりをそそのかした」と主張したが、判決は「検察の主張は不自然。身代わりを求めた事実の証明がない」などとして検察側の主張をことごとく退け、捜査のずさんさを指摘した。

【平塚のアパート5遺体事件／娘絞殺の母親に懲役12年】（2007年7月23日、横浜地裁判決）神奈川県平塚市のアパート室内の段ボール箱から幼児や新生児など5人の遺体が見つかった事件で、19歳の娘を絞殺したとして殺人罪に問われた母親に対し、懲役12年（求刑・懲役17年）を言い渡した。被告人は3人の死体遺棄容疑で送検されたが、公訴時効の成立で不起訴処分となっていた。

新刊案内 2013.9

現代人文社
〒160-0004 東京都新宿区四谷2-10 八ッ橋ビル7階
Tel：03-5379-0307 Fax：03-5379-5388
http://www.genjin.jp（ここからご注文いただけます）

※表示価格はすべて本体価格

【社会問題】地産地消の地域エネルギーをめざす

地域エネルギー発電所

事業化の最前線

小石勝朗＋越膳綾子 編著／脱原発をめざす首長会議 協力

「脱原発」実現の大きなカギは、自然（再生可能）エネルギーをいかに普及させるかにある。地域のエネルギー資源を活用し、地域経済の自立につながる事業とするためには、どうしたらよいのか。自治体、住民が今から実践できる先進事例を紹介する。

2013.9◎A5判◎並製◎1800円

978-4-87798-554-7

【裁判傍聴記】弁護人！この裁判いただきましょう！

傍聴弁護人から異議あり！

北尾トロ 著

『裁判長！ここは懲役4年でどうすか』の北尾トロが、傍聴弁護人（自称）として挑む裁判員裁判。弁護人目線で見た法廷にはどんな攻防があったのか。弁護人の意図はきちんと裁判員に伝わったのか。「季刊刑事弁護」の連載を単行本化。弁護人 vs 検察官の熱い戦いを傍聴席から実況リポート！

2013.9◎四六判◎並製◎1700円

978-4-87798-559-2

【刑事弁護】刑事弁護人ならではのやりがいとは

刑事弁護プラクティス

新人弁護士養成日誌

櫻井光政 著

接見での被疑者・被告人との信頼関係構築の工夫、事務所内設置の刑事弁護ゼミでのやりとり等、刑事弁護人養成事務所である「桜丘法律事務所」での新人弁護士養成の様子を、新人ゆえの失敗も交えてリアルな事例とともに紹介。「季刊刑事弁護」の連載を単行本化。

2013.9◎四六判◎並製◎1900円

978-4-87798-556-1

季刊 刑事弁護　年4回（1月・4月・7月・10月）発行。定価2500円

75号	特集：新時代の刑事司法制度─刑事弁護実務の課題と展望
74号	特集：新時代の控訴審と刑事弁護　特別企画：再審の新たな動き
73号	特集：めざせ！刑事弁護人
72号	特集：裁判員裁判の改善に向けて─３年後見直しの論点と制度改革の展望 特別企画：接見室での録音・録画等と秘密交通権
71号	特集：使おう！科学的証拠
70号	特集：公判弁護技術としての証拠法─裁判員裁判を契機として変わるか 特別企画：障がい者を刑務所に入れないための弁護
69号	特集：裁判員裁判における精神鑑定　特別企画：韓国の刑事司法の現在
68号	特集：裁判員裁判と控訴審のあり方
67号	特集：裁判員裁判における否認事件と弁護
66号	特集：裁判員裁判の情状弁護と量刑
65号	特集：最高裁判例と事実認定適正化の動き 特別企画：郵政不正事件を検証する
64号	特集：「治療的司法」への道─再犯を防ぐ弁護活動と取組み
63号	特集：ビギナーズ医療観察法　特別企画：足利事件の教訓から学ぶ
62号	特集：裁判員裁判の弁護活動を検証する
61号	特集：被害者参加制度の導入と刑事弁護の変容
60号	特集：公判前整理手続を検証する　特別企画：捜査弁護を見直そう！
59号	特集：裁判員裁判と裁判官の意識─裁判官をどうやったら変えられるか 特別企画：最高裁第３小法廷の２判決─事実認定の明と暗
58号	特集：裁判所は変わりつつあるのか─無罪・勾留却下ラッシュ？ 特別企画：被疑者国選弁護と司法支援センター
57号	連続特集：裁判員裁判をどう闘うか７／少年事件と裁判員裁判 特別企画：犯罪被害者参加制度・損害賠償命令制度の創設
56号	連続特集：裁判員裁判をどう闘うか６／裁判員制度と実体法
55号	連続特集：裁判員裁判をどう闘うか５／弁論技術その２─最終弁論
54号	連続特集：裁判員裁判をどう闘うか４／裁判員裁判と伝聞法則
53号	連続特集：裁判員裁判をどう闘うか３／裁判員裁判における尋問技術
52号	連続特集：裁判員裁判をどう闘うか２／裁判員制度のもとでの評議
51号	連続特集：裁判員裁判をどう闘うか１／弁論技術その１─冒頭陳述を中心に
50号	特集：刑事弁護活動の限界に挑む─積極的弁護のすすめ 緊急特別企画：犯罪被害者の刑事訴訟参加と刑事弁護
49号	特集：模擬裁判員裁判を検証する Part 2─伝聞証拠をどう取り扱うか 特別企画：医療観察法野実務・運用と今後の課題

【GENJINビデオ2】刑事弁護技術を基礎から学べる

DVDで学ぶ裁判員裁判のための法廷技術（基礎編）　第2巻

高野隆 監／**法廷技術研究会** 作

「高橋三郎事件」を題材に、主尋問、反対尋問、冒頭陳述、そして最終弁論にいたるまで、その基礎的な方法を学ぶ。テーマごとに悪い例と良い例を示し、その要点を高野隆弁護士が解説。テーマごとどこから見ても、法廷技術が習得できる。

2013.1◎DVD◎3800円

978-4-87798-540-0

【少年法】今日あるべき保護主義とは

コンメンタール少年法

守屋克彦＋斉藤豊治 編集代表

次々と改正されるようになった少年法。しかし、少年の健全な育成という目的は、見失われてはならない。研究と実務の蓄積を法解釈に盛り込み、今後の研究や実践の発展の手がかりを提供することに役立つことをめざした逐条解説。

2012.12◎A5判◎並製◎6500円

978-4-87798-538-7

【刑事法】日本は世界で最後の死刑存置国となるかもしれない

孤立する日本の死刑

デイビッド・T・ジョンソン＋田鎖麻衣子 著

最後の死刑存置国が集中するアジアで、ますます死刑の適用は減少している。その事実を豊富な実証研究の成果により明らかにするとともに、日本への示唆を論ずる。

2012.12◎A5判◎並製◎2000円

978-4-87798-533-2

【思想】

自己超出する生命

生命の尊厳と人間の責任

沢登佳人 著

自分はなぜ生まれてきたのだろうか。この人間存在にとって根本的な問いに答えるべく、哲学はもちろん物理学、心理学、生物学の理論体系を新たに検討し、人類文化創造の実態を総合的・体系的に解き明かす。『生命とは何ぞや』の続編。

2012.12◎A5判◎上製◎5000円

978-4-87798-539-4

【刑事裁判】法廷通訳必携の一冊

15言語の裁判員裁判用語と解説

第2巻

津田守 編

裁判員裁判で使用される専門用語を中心に、刑事裁判用語187項目についてわかりやすく解説。日本語・英語のほか、フィリピン(タガログ)語、インドネシア語、ベトナム語、タイ語を収録。逆引き索引と参考文献も収録。

2013.3◎A5判◎並製◎2100円

978-4-87798-549-3

【刑事裁判】法廷通訳必携の一冊

15言語の裁判員裁判用語と解説

第1巻

津田守 編

裁判員裁判で使用される専門用語を中心に、刑事裁判用語187項目についてわかりやすく解説。日本語・英語のほか、中国語[簡体字]、中国語[繁体字]、韓国・朝鮮語、モンゴル語を収録。逆引き索引と参考文献も収録。

2013.2◎A5判◎並製◎2100円

978-4-87798-542-4

【社会問題】脱原発から再生可能エネルギーへ

再生可能エネルギーが社会を変える

市民が起こしたドイツのエネルギー革命

千葉恒久 著

ドイツの「再生可能エネルギー」は、わずかの間に原子力や石炭を凌駕するほどまでになった。それは、市民の力なくして実現しなかった。本書は、エネルギー政策をめぐる電力会社、政府、そして市民のダイナミックな動きを追い、なぜエネルギー革命が実現できたかを明らかにする。

2013.2◎A5判◎並製◎2000円

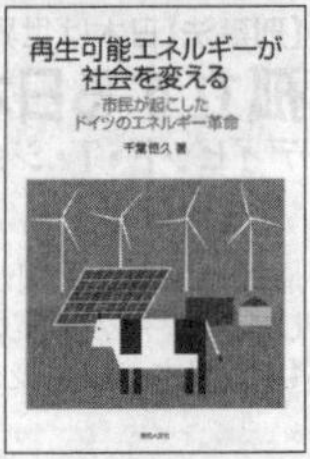

978-4-87798-536-3

【刑事政策】「福祉施設化」する日本の刑務所への解答がここに!

罪を犯した人を排除しない イタリアの挑戦

隔離から地域での自立支援へ

浜井浩一 著

イタリアの犯罪者処遇は、刑罰の目的を更生とする憲法を基盤に、精神障害者を病院から解放した「バザーリア」改革をモデルに発展してきた。その基本は、縦割り行政の弊害を排し、施設隔離からの解放と地域移行を目指し、ソーシャルワークを基盤とした官民のネットワークによる自立支援にある。

2013.1◎四六判◎並製◎1800円

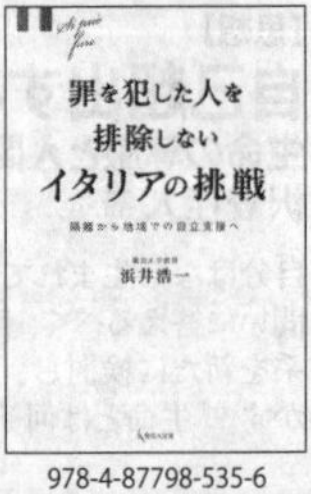

978-4-87798-535-6

【自殺サイト投稿女性を殺害／嘱託殺人の男に懲役9年】（2008年2月28日、横浜地裁判決）インターネットの自殺サイトに自殺志願の投稿をしてきた女性を殺したとして、嘱託殺人と麻薬特例法違反の罪に問われたサイト開設者の電気工の男に対し、懲役9年、罰金100万円、追徴金81万円（求刑・懲役13年、罰金100万円、追徴金81万円）を言い渡した。検察側は通常の殺人罪に相当する量刑を求めて、麻薬特例法違反との併合罪で求刑したが、判決は法定刑を厳格に適用して嘱託殺人罪の量刑を重視した上で、法定刑の中で最も重い刑を選択する判断をした。

【連続強姦の男に懲役20年／事実認定の一部で共謀認めず】（2008年8月12日、横浜地裁判決）共犯者の無職の男（一審で懲役20年の判決）と共謀して3件の強姦、3件の強盗強姦、2件の窃盗事件を繰り返したなどとして、強盗強姦罪などに問われた自動車販売仲介業の男に対し、求刑通り懲役20年を言い渡した。このうち2件の事実認定で、強盗の共犯成立を否定した。別の法廷で開かれた共犯者の判決では、いずれの事件も2人の共謀が認められていた。

【「横浜事件」第4次請求で再審開始決定／特高警察の拷問認める】（2008年10月31日、横浜地裁決定）戦時下の言論弾圧事件「横浜事件」で、治安維持法違反で有罪とされた元雑誌編集者の遺族が申し立てた第4次再審請求に対し、再審開始を決定した。「特高警察の拷問による自白に信用性はない」と指摘して捜査当局のでっち上げを認め、当時の判決の事実認定を否定。事実上の無罪判決と言える判断を示した。

【県立高校職員に無罪／生徒のけがは「指導の一環」】（2008年11月12日、横浜地裁）神奈川県立湘南高校の定時制で、食堂の食器を片付けず立ち去ろうとした男子生徒に注意した際に約1週間のけがを負わせたとして、傷害罪に問われた元非常勤職員の男性に対し、「生徒指導の一環で、正当な業務の範囲を逸脱せず体罰ではない」と判断し、無罪（求刑・罰金15万円）を言い渡した。

【起訴状に余罪を記載／違法として公訴棄却】（2009年1月14日、横浜地裁判決）元交際相手の女性から約600万円を脅し取ったとして恐喝罪に問われた男性会社員の初公判で、裁判に予断を与えかねない「余事記載」が起訴状にあったとして、公訴棄却の判決を言い渡した。横浜地検は起訴状に、「以前にも女性から数千万円を脅し取っていた」などと記載していた。このため、「起訴事実よりも大きな余罪を含めて処罰を求めており、刑事訴訟法の規定に違反する」と判断して公訴を棄却し、地検に起訴のやり直しを求めた。

【「横浜事件」第4次再審も「免訴」】（2009年3月30日、横浜地裁判決）戦時下の言論弾圧事件「横浜事件」の第4次再審請求で、治安維持法違反で有罪とされた元被告に対し、有罪か無罪かを判断せず裁判手続きを打ち切る「免訴」を言い渡した（再審判決の詳細は本項の本文参照）。

【従業員の父親殺害に無期懲役】（2009年5月7日、横浜地裁判決）共謀して従業員の父親を絞殺して遺体を山中に埋め、保険の解約金をだまし取ろうとした事件の首謀者として、殺人や死体遺棄、詐欺未遂など7つの罪に問われた弁当店経営者に対し、求刑通り無期懲役を言い渡した。

【「横浜事件」刑事補償認める／事実上の無罪認定】（2010年2月4日、横浜地裁決定）戦時下の言論弾圧「横浜事件」の再審で、免訴判決が確定した元被告5人の遺族の刑事補償請求について、請求通り総額約4700万円の補償を認めた。「大赦や治安維持法廃止などの免訴理由がなければ、無罪判決は明らかだ」として事実上の無罪を認定。元被告5人の名誉が回復された。

◉検察側にも弁護側にも公平に対応

冤罪事件に熱心に取り組んでいる中堅弁護士は、「裁判長が交代して大島さんが担当になったのですが、裁判記録を非常によく読んでいる。証拠写真もすごく細かいところまで見ているので驚きました。その上で鑑定人に鋭い尋問をするんです」と感心する。

刑事事件に熱心な別の弁護士は、「大島裁判長は検察にも厳しく対応する。それはおかしいと批判したり、根拠は何ですかと問い詰めたり、もう弁護側がびっくりするくらい対等に向き合ってくれます」と話す。

検察官の言い分を偏重し、検察官には無批判な裁判官が多い中で、大島裁判長の姿勢は際立っている。弁護側の証拠を積極的に採用し、必要があれば調べ、被告人や弁護側の言い分を十分に聞いてくれるので、大島裁判長の法廷は納得できるという。

「双方の主張に公平に耳を傾ける」という当たり前のことが、当たり前にされていない法廷があまりにも目に付く。残念ながらそれが日本の裁判所と裁判官の実態だ。

この弁護士が担当した被告人は無罪にはならなかったが、「大島裁判長の判決内容は説得力があった」という。

「無罪判決を次々に出しても、公平で優秀だから大島さんは裁判所の中で浮いていないし評価もされている。東京地裁や横浜地裁といった大都市で裁判長を任されているのも、信頼されているからでしょう。良識派の珍しい裁判官だと思います」

小《お》倉《ぐら》正《まさ》三《ぞう》

元東京高裁部総括判事・現弁護士

「質店強殺」で逆転有罪、「ウィニー事件」は無罪

◉被告人を見下し威丈高で横柄な態度

神戸市の質店経営者の男性が店舗内で殺害された「神戸質店主殺害事件」の控訴審で、大阪高裁刑事5部の小倉正三裁判長は2009年9月、一審の神戸地裁の無罪判決を破棄し、求刑通り無期懲役とする逆転有罪判決を言い渡した。

「被告人、前に出てきなさい」

判決言い渡しの法廷で、小倉裁判長は被告人の男性にそう命じた。

刑事裁判の被告人に対して、高圧的な命令口調で接する裁判官は少なくないが、小倉裁判長は控訴審の1回目から、ずっとこのような威丈高で横柄な言葉遣いと態度で被告人に接していたという。

そもそも刑事被告人は、刑事裁判の基本原則に基づいて無罪と推定され、対等な人間として対応されなければならないはずだ。しかも「神戸質店主殺害事件」で被告人とされた男性は、一審で無罪判決を受けている。法廷を傍聴していた記者の一人は、「この見下したような口の利き方はなんなんだ」と憤慨した。これでは

まるで、最初から被告人は有罪だと決めてかかっているみたいではないか。そんな疑念を抱かせるのに十分な裁判長の態度だったが、控訴審判決はまさにその通りの結果になった。

宇都宮地裁で開かれた「足利事件」の再審初公判で、佐藤正信裁判長は菅家利和さんを「被告人」と呼ばずに、「菅家さん、証言台の前にお立ち下さい」と丁寧な言葉遣いで促したことが話題になった。本来なら当たり前の対応のはずだが、それがニュースになるほど、裁判官の多くは被告人に横柄な態度で接している。

◉「供述は信用できない」と逆転有罪

「神戸質店主殺害事件」の控訴審では、検察側から新証拠は出されなかった。にもかかわらず、小倉裁判長は「被告人の説明は信用できない」として、一審の無罪判決をひっくり返した。被告人の記憶が曖昧で、捜査段階の供述を訂正していることから、判決は「弁解は変遷していて不合理だ。信用できない」と断定する。

事件発生から2年近くを経て逮捕された被告人は、当初は現場に行ったこと自体を否定していた。ところが、現場に残されていた指紋などが一致した事実を取り調べで知らされてから、立ち寄ったことを思い出して当時の状況を供述している。このほか、被告人は行動日時の供述内容も修正している。

これらについて一審判決は、「通常人であれば1年10カ月も前の出来事を、当初から明確に供述するのは困難で、他者から指摘されて徐々に記憶を喚起していくのが普通だ」と述べて、不自然ではないと判断して無罪を言い渡した。

供述や目撃証言の信用性を研究する奈良女子大学教授（当時）の浜田寿美男さんも、「2年も前のことを覚えている方がむしろ珍しいでしょう。現場に行ったことを忘れていて、指摘されてから思い出しても全然おかしくない。極めて自然ですよ」と話す。

被告人の供述の評価をめぐって、一審と二審の判断は全く正反対になった。控訴審で検察側が新たな証拠の提示や主張をしたわけでもなく、「被告人の供述は信用できない」ことが、逆転有罪の大きな理由とされている。捜査段階で書かれた調書が唯一絶対に正しいと考えて、被告人を「推定有罪」とする心証を抱いて審理に臨めば、小倉裁判長のような判断になるのは当然かもしれない。

◉東京でも評判は悪かったが大阪でも

小倉裁判長は大阪高裁に赴任する前、東京地裁や横浜地裁で裁判長をしていた。そのころ、小倉裁判長の法廷での印象や訴訟指揮について、何人もの弁護士や訴訟関係者らに取材したことがある。返ってきたのは厳しい批判や困惑する声が圧倒的で、ざっと次のような内容だった。

◎権威主義的。
◎法学的素養が感じられない。採用される前の証拠について、やたらと提示命令を出すなど、刑事訴訟法の原則を全くと言っていいほど理解していない。
◎証人や証拠の採用は、心証を露骨に示して「やる必要がない」という態度を取る。
◎保釈面接で弁護人の話をまるで聞こうとしない。
◎とにかく審理を急ぐ。初公判の時点で、弁護人に「いつごろ被告人質問を終えるのか」と聞く。証人尋問の時に「こういうふうに聞いた方がいいんじゃないか」などと余計な介入をするので、かえって時間が延びる。
◎検察官の証人尋問に対しても結構介入してくる。
◎強盗殺人事件の公判で、無期懲役の判決言い渡しの際に量刑理由を説明しなかったことがある。（この後の判例一覧を参照）
◎訴訟指揮はきつく、被告人を厳しく追及するが、事件内容や背景や事情などはよく理解していて判決は寛大、との意見も。
◎荒っぽくて大雑把。よく言えばざっくばらん。量刑判断は妥当。

こうした小倉裁判長に対する評価は、大阪高裁の裁判長になってからもほとんど変わっていないようだ。

◉「小倉法廷にかかったらもうダメだ」

大阪の弁護士の間でも、小倉裁判長の評判はすこぶる悪い。

「ひどい裁判官ですよ。非常に形式的で、ろくすっぽ証拠調べもしない。弁護側の証人申請は制限して、ほとんど採用しない」

ベテラン弁護士の一人は、小倉裁判長の訴訟指揮をそう批判する。

「小倉裁判長の法廷にかかったらもうダメだと、名前を聞いただけで弁護士はみんなあきらめてしまう。そんなふうに思わせる裁判官ですね」

事実認定や証拠調べは、一審の段階で時間をかけて行われるのが通常だ。これに対して控訴審では、下級審ほど審理に時間を費やさずに結審してしまうことが多い。「控訴審の審理はあまりにも形式的だ」と批判されるゆえんでもある。

しかし、それだと一審判決の誤りをチェックするはずの控訴審が、何のために存在しているのか分からなくなってしまう。必要があれば、控訴審でも証拠調べや証人尋問に十分な時間をかけて審理するのは当然だろう。

「被告人にとって判決の結果がいいか悪いかは別にして、真実を追求するためにいろんな証拠を集めるわけじゃないですか。それなのに小倉裁判長はろくに調べもしないで、起訴されたんだから有罪だと最初から決め打ちする。証拠や証人をきちんと調べた上での有罪判決なら、そういうこともあるんかなと思うけど、調べもしないで有罪判決を出されたら、なんやそれはとなりますよ」

ちなみに大阪の弁護士の間では、小倉裁判長だけでなく、大阪高裁のほかの裁判長に対する評価も軒並み厳しい。大阪地裁で無罪判決や先進的な判決がいくつも出されているので、大阪高裁の検察寄りの姿勢がより一層際立つのだろう。高裁裁判長のポストは出世にストレートに影響するため、保守的な裁判官が多いという。

◉地方回りから「エリートコース」へ

小倉正三氏は、大阪府出身の66歳。東大で法律を学び、1969年に22歳で司法試験に合格した（27期）。司法修習生として1973年に奈良県で実務修習後、裁判官に任官した。1975年4月に神戸地裁に判事補として着任し、裁判官生活をスタートさせている。

任官2年後の1977年4月に神戸家裁の判事補となり、1978年4月以降は、広島家地裁福山支部、千葉地裁、鹿児島地家裁名瀬支部の各地でそれぞれ判事補を務め、1985年4月に鹿児島地家裁名瀬支部の判事に就任する。その翌年の1986年4月に、東京地裁判事となった。

1989年4月に釧路地家裁の部総括判事（裁判長裁判官）に着任。そして2年後の1991年4月には最高裁調査官に就任し、1995年4月に大阪高裁判事、1997年4月に大阪地裁の部総括判事、1999年4月に東京地裁の部総括判事、2003年8月に横浜地裁の部総括判事、2006年12月に金沢地裁所長と異動を重ねて、2008年11月に大阪高裁の部総括判事、2010年2月には東京高裁の部総括判事となり、2012年3月に定年退官した。現在は弁護士。

任官後の小倉氏は、判事補の間はずっと地方裁判所や支部を回っている。いわゆる「超エリート法曹」が歩むコースとは異なる異動を重ねてきたが、鹿児島の地家裁支部で判事になって東京地裁に着任後は、釧路での勤務を経て、最高裁調査官を4年間務めた。さらにその後も、大阪や東京など大都市の裁判所の本庁勤務が続いていることから、「準エリート」の裁判官であるとは言っていいかもしれない。

◉学生運動や社会問題には興味なし

学生時代の小倉氏のことをよく知る弁護士は、東大の駒場寮で一緒だった。「上昇志向が強くて、勉強ばかりして優を集めていた印象が強い」と当時の様子を振り返る。

「小倉さんは学生運動なんか全く関心を示さず、そういうのにはそっぽを向いてガリ勉していたけど、大学の講義以外の本はあまり読んでいなかったんじゃないかな。社会問題には興味はなかったようだし、人権感覚とか憲法感覚があるようには思えない。かなりの自信家ではあったね」

しかし、「司法試験に合格してから4年遅れで修習生になったことが影響したのか、小倉氏はいわゆる「超エリート法曹」のコースからは外れていた。任官16年後に最高裁調査官を命じられ、それから大都市を中心に異動している。

「一生懸命に上を向いていて、勉強が好きだったから、ご褒美で最高裁調査官にしてもらえたのかな。年齢からいっても大阪高裁の裁判長で終わりで、それ以上の出世はないだろう」と先ほどの弁護士は分析する。

◉無罪判決も出すが最近は厳罰傾向

それでは小倉裁判長は、これまでにどんな事件を担当し、どのような判決を言い渡してきたのだろうか。

主な判決を見てみよう。

◇　◇　◇

【小3女児刺殺事件／心神喪失で無罪】（1998年11月26日、大阪地裁判決）大阪市の路上で、登校途中の小学3年の女児を出刃包丁で刺殺したとして、殺人と銃刀法違反の罪に問われたガラス施工業手伝いの男性に対し、犯行当時は心神喪失状態だったとして無罪（求刑・懲役12年）を言い渡した。

【元同僚のパチンコ店員を殺害／元従業員に無期懲役】（1999年3月11日、大阪地裁判決）パチンコ店の独身寮に侵入して元同僚を電気コードで絞殺し、キャッシュカードなどを奪ったとして、強盗殺人の罪などに問われた元従業員に対し、求刑通り無期懲役を言い渡した。この判決言い渡しで、小倉裁判長は「量刑の理由」を明らかにしなかった。これに対して刑事法の学者から、「重大事件で極めて異例」「刑の目的は被告人を納得させて改善させることにある。重い刑の時には量刑理由を説明するのが実務の常識」などと指摘されている（翌日付の朝日新聞）。

【南京大虐殺の映画に抗議／右翼団体会長に懲役1年4月】（1999年3月24日、大阪地裁判決＝単独）南京大虐殺を扱った映画「南京1937」（香港・中国合作）の上映会で大阪府枚方市の施設が使われたことに抗議し、街宣車で市役所に突っ込み門扉を壊したとして、器物損壊の罪に問われた右翼団体会長に対し、懲役1年4月（求刑・懲役1年6月）を言い渡した。

【オレンジ共済詐欺事件／参院議員の友部被告に懲役10年】（2000年3月23日、東京地裁判決）客から集めた預かり金約6億6500万円をだまし取った「オレンジ共済組合」事件で、詐欺罪に問われた実質的主宰者で参院議員の友部達夫被告に対して求刑通り懲役10年、妻・みき子被告に対して懲役5年（求刑・懲役6年）

を言い渡した。

【銃刀法違反容疑の中国人／証明が不十分と無罪判決】（2000年8月30日、東京地裁判決）中国人グループの抗争現場に居合わせた際に、男の一人から渡されたカバンから実弾の入った短銃2丁が見つかったとして、銃刀法違反の罪に問われた中国人男性に対し、無罪（求刑・懲役6年）を言い渡した。「短銃所持を認識していたか証明が不十分」と判断した。

【オウム信者殺害事件／元幹部に懲役8年】（2000年11月6日、東京地裁判決）オウム真理教の信者のリンチ殺害など2つの事件で、殺人と死体損壊の罪に問われた教団の元幹部に対し、懲役8年（求刑・懲役10年）を言い渡した。松本智津夫（麻原彰晃）被告（現在は死刑囚）ら実行犯との共謀成立を認めた。

【広尾病院の点滴ミス隠蔽事件／看護婦2人に執行猶予】（2000年12月27日、東京地裁判決）都立広尾病院のミスで消毒液を点滴されて主婦が死亡した事故で、血液凝固防止剤と消毒液を確認せず取り違えて点滴したとして、業務上過失致死の罪に問われた看護婦2人に対し、消毒液の入った注射器を用意した看護婦に禁固1年、執行猶予3年（求刑・禁固1年）、中身を確認せず注入した看護婦に禁固8月、執行猶予3年（求刑・禁固8月）を言い渡した。

【広尾病院の点滴ミス隠蔽事件／院長有罪で都副参事は無罪】（2001年8月30日、東京地裁判決）都立広尾病院のミスで消毒液を点滴されて主婦が死亡した事故で、警察への届け出を遅らせ、さらに虚偽の死亡診断書の作成を工作したとして、医師法違反と虚偽有印公文書作成・同行使の罪に問われた元病院長に対し、懲役1年、執行猶予3年、罰金2万円（求刑・懲役1年、罰金2万円）を言い渡した。一方、医師法違反の罪に問われた元都衛生局病院事業部副参事には、無罪（求刑・罰金2万円）を言い渡した。「共謀の認識があったというには合理的な疑いがある」と判断した。

【「よど号」実行犯／田中義三被告に懲役12年】（2002年2月14日、東京地裁判決）日航機「よど号」ハイジャック事件で、実行犯の一人として強盗傷害や国外移送略取などの罪に問われた元赤軍派メンバーの田中義三被告に対し、懲役12年（求刑・懲役15年）を言い渡した。

【覚せい剤取締法違反／田代まさし被告に執行猶予】（2002年2月18日、東京地裁判決）知人のプロデューサーから覚せい剤約3グラムを購入し東京都大田区の自宅で吸引したとして、覚せい剤取締法違反の罪に問われたタレントの田代まさし被告に対し、懲役2年、執行猶予3年（求刑・懲役2年6月）を言い渡した。

【逃走隠すため文書廃棄／元東京入管課長ら執行猶予】（2002年9月13日、東京地裁判決）不法滞在容疑で取り調べ中の中国人に逃走された事実を隠すため、関係文書を廃棄したとして、公用文書毀棄などの罪に問われた東京入国管理局警備2課の元課長と元班長の2人（懲戒免職）に対し、いずれも懲役1年6月、執行猶予3年（求刑・懲役1年6月）を言い渡した。

【ホステスを乱暴し強姦／都議会議員に懲役3年】（2003年3月27日、東京地裁判決）クラブのホステスを新宿のホテルに連れ込んで乱暴したとして、強姦致傷などの罪に問われた都議会議員の福島寿一被告に対し、懲役3年（求刑・懲役5年）を言い渡した。

【旅券法違反／元赤軍派の妻に執行猶予】（2003年4月4日、東京地裁判決）日航機「よど号」を乗っ取った元赤軍派メンバーの小西隆裕容疑者の妻で、パスポートの返納命令に応じなかったとして、旅券法違反（返納命令拒否）の罪に問われた小西タカ子被告に対し、懲役1年6月、執行猶予4年（求刑・懲役1年6月）を言い渡した。

【母娘殺害の同居男に死刑】（2004年2月4日、横浜地裁判決）同居していた女子中学生の態度に立腹して絞殺し、帰宅したその母親もナイフで刺殺して奪ったキャッシュカードで現金約85万円を引き出したなどとして、強盗殺人などの罪に問われた無職の男に対し、求刑通り死刑を言い渡した。

【2歳児を暴行死／同居の男に懲役5年】（2004年3月12日、横浜地裁判決）同居していた女性の2歳の長女が泣きやまないのに腹を立て、自宅マンションで顔や頭を殴るなど暴行して死亡させたとして、傷害致死の罪に問われた男に対し、懲役5年（求刑・懲役7年）を言い渡した。

【養子の長男と義父母を刺殺／元夫に死刑】（2004年3月30日、横浜地裁判決）離婚協議中の妻が戻った横浜市の実家マンションに侵入して、養子縁組した12歳の長男と義父母の計3人をナイフで刺殺し、妻を富山市のホテルに監禁したとして、殺人や逮捕監禁致傷などの罪に問われた元夫に対し、求刑通り死刑を言い渡した。

【飲食店経営者を殺害／常連客の男に無期懲役】（2004年12月24日、横浜地裁判決）横浜市鶴見区の飲食店の女性経営者をゴムひもで絞殺し、現金9000円を奪ったとして、強盗殺人の罪に問われた常連客の無職の男に対し、求刑通り無期懲役を言い渡した。

【難病の長男の呼吸器止め殺害／嘱託殺人認め母親に執行猶予】（2005年2月14日、横浜地裁判決）難病の筋萎縮性側索硬化症（ALS）で自宅療養していた長男の人工呼吸器を止めて窒息死させ、心中を図ったとして、殺人罪に問われた母親に対し、殺人罪より刑の軽い嘱託殺人罪を適用して懲役3年、執行猶予5年（求刑・懲役5年）を言い渡した。「病状が悪化して目の動きによる意思疎通も困難になり、死を望む長男の懇願を受け入れることを決意した」と事実認定し、嘱託殺人罪の成立を認めた。

【女性タクシー運転手殺害／被告に無期懲役】（２００５年３月25日、横浜地裁判決）乗車したタクシーの女性運転手の首や背中を小刀で刺して失血死させ、タクシーを奪って逃げたとして、強盗殺人などの罪に問われた住所不定・無職の男に対し、求刑通り無期懲役を言い渡した。

【高齢女性からひったくり転倒死／元少年に懲役９年】（２００５年12月２日、横浜地裁判決）83歳の女性から現金の入った手提げバッグをひったくり、転倒させて死亡させたなどとして、窃盗や傷害致死の罪に問われた犯行時少年だった鳶職に対し、懲役９年（求刑・懲役12年）を言い渡した。

【女性会社員殺害／被告に無期懲役】（２００６年３月17日、横浜地裁判決）相模原市のアパートに侵入して寝ていた女性会社員を絞殺し、現金などを奪ったとして、住居侵入と強盗殺人の罪に問われた住所不定・無職の男に対し、求刑通り無期懲役を言い渡した。

【横須賀の女性強盗殺人／米兵に無期懲役】（２００６年６月２日、横浜地裁判決）横須賀市の路上で、通りかかったパートの女性を殴り続けるなどして内臓破裂で死亡させ、現金１万５０００円を奪ったとして、強盗殺人の罪に問われた米海軍横須賀基地の１等航空兵に対し、求刑通り無期懲役を言い渡した。

【認知症の父親刺殺／三男に懲役10年】（２００６年10月26日、横浜地裁判決）認知症の72歳の父親に乱暴して刺殺したとして、殺人の罪に問われた三男に対し、懲役10年（求刑・懲役12年）を言い渡した。

【コンビニ店員を刺殺／元工員の少年に二審も無期懲役】（２００９年２月26日、大阪高裁判決）友人の少年と大阪府寝屋川市のコンビニで万引きし、追いかけてきたアルバイト店員をナイフで刺殺したとして、強盗殺人などの罪に問われた元工員（当時19歳）の控訴審で、求刑通り無期懲役とした一審の大阪地裁判決を支持し、被告人側の控訴を棄却した。

【大学生リンチ殺人事件／元府立大生は二審も無期懲役】（２００９年３月26日、大阪高裁判決）東大阪市の東大阪大生ら２人が集団暴行され生き埋めにされたリンチ殺人事件の控訴審で、主犯格の男（一審と二審で死刑判決を受けて上告中）と共謀したとして、殺人などの罪に問われた元大阪府立大生に対し、求刑通り無期懲役とした一審の大阪地裁判決を支持し、被告人側の控訴を棄却した。

【大学生リンチ殺人事件／元大阪商大生を懲役18年に減刑】（２００９年３月26日、大阪高裁判決）東大阪市の東大阪大生ら２人が集団暴行され生き埋めにされたリンチ殺人事件の控訴審で、殺人などの罪に問われた元大阪商業大生に対し、懲役20年（求刑・懲役25年）とした一審の大阪地裁判決を破棄し、懲役18年を言い渡した。「従属的だった」と判断した。

【弁護士事務所員を殺害／二審も無期懲役】（２００９年６月23日、大阪高裁判決）大阪市の弁護士事務所で女性事務員を殺害したとして、強盗殺人などの罪に問われた無職の男の控訴審で、求刑通り無期懲役とした一審の大阪地裁判決を支持し、被告側の控訴を棄却した。

【神戸の質店主強盗殺人事件／逆転有罪で無期懲役】（２００９年９月24日、大阪高裁判決）神戸市の質店経営者を殺害し、現金１万円余を奪ったとして強盗殺人罪に問われ、一審の神戸地裁で無罪判決を言い渡された電気工の男性の控訴審で、「被告人の主張は信用できない」として一審判決を破棄し、求刑通り無期懲役とする逆転有罪を言い渡した。被告人は一貫して容疑を否認。一審の判決は、証拠や目撃証言から「犯人とするには合理的疑いがある」と判断していた。

【ウィニー開発者に逆転無罪】（２００９年10月８日、大阪高裁判決）映像や音楽などのファイル共有ソフト「ウィニー」を開発し、インターネットで公開して違法なダウンロードを手助けしたとして、著作権法違反幇助の罪に問われた元東大大学院助手の控訴審で、罰金150万円（求刑・懲役1年）とした一審の京都地裁判決を破棄し、逆転無罪を言い渡した。「著作権法違反が起こる可能性は認識していたが、違法行為を勧めたとは認められない」と判断した。

【少年の調書漏出出版事件／鑑定医の控訴棄却し有罪】（2009年12月17日、大阪高裁判決）奈良県の医師宅放火殺人事件をめぐって、長男（少年）や父親の供述調書を大量に引用した単行本が出版された漏出事件で、秘密漏示罪に問われた元鑑定人で精神科医の控訴審で、懲役4月、執行猶予3年とした一審の奈良地裁判決を支持し、鑑定医側の控訴を棄却した。「正当な理由があったとは認められない」と判断した。

【焼き肉店主強殺／二審も無期懲役】（2010年1月21日、大阪高裁判決）焼き肉店の店主を射殺し現金約50万円の入ったバッグを奪ったとして、強盗殺人と銃刀法違反の罪に問われた元従業員の男の控訴審で、無期懲役とした一審の大阪地裁判決を支持し、弁護側の控訴を棄却した。

【裁判員裁判の事実認定を破棄／量刑は維持】（2010年7月14日、東京高裁判決）口論となり従業員寮の男性を刺殺したとして、殺人罪に問われた男の控訴審で、一審の横浜地裁判決（裁判員裁判）の事実認定を破棄し、量刑は一審と同じ懲役4年6月を改めて言い渡した。一審判決は、危害を加えられると勘違いして反撃した「過剰防衛」の成立を認め、検察と弁護側も争っていなかったが、控訴審判決は過剰防衛は認められないとした。

【覚せい剤密輸に逆転有罪／裁判員判決を破棄】（2011年3月30日、東京高裁判決）覚せい剤約1キロをチョコレート缶に隠して密輸したとして、覚せい剤取締法違反と関税法違反の罪に問われた会社役員の男性の控訴審で、全面無罪とした一審の千葉地裁判決（裁判員裁判）を破棄し、懲役10年、罰金600万円（求刑・

懲役12年、罰金600万円）を言い渡した。被告人の供述は二転三転し信用できないとした。

裁判員裁判で全面無罪となったのはこの事件が初めて。裁判員裁判の無罪判決を覆して逆転有罪としたのは全国初。最高裁は2012年2月、一審の裁判員裁判の判決を尊重して無罪を言い渡した。


【弁護士刺殺／二審も無期懲役】（2011年7月25日、東京高裁判決）横浜市の法律事務所で弁護士を刺殺したとして、殺人などの罪に問われた男の控訴審で、無期懲役とした一審の横浜地裁判決（裁判員裁判）を支持し、弁護側の控訴を棄却した。


【警官発砲で死亡／二審も無罪】（2011年12月27日、東京高裁判決）職務質問した中国籍の男性に発砲し死亡させたとして、特別公務員暴行凌虐致死の罪に問われた栃木県警巡査部長の付審判の控訴審で、無罪とした一審の宇都宮地裁判決を支持し、検察側（検察官役の指定弁護士）の控訴を棄却した。正当防衛が成立するとした一審の判断を支持した。

検察官役の指定弁護士が求めた供述調書の証拠採用や現場検証の実施について、小倉裁判長はすべて却下し、控訴審は初公判で結審した。

遺族が損害賠償を求めた民事訴訟では、東京高裁が「威嚇射撃をしない発砲は違法」と判断し、栃木県側に約1000万円の賠償を命じている。刑事裁判と民事裁判で判断が分かれた。

◉憲法を論じることなく形式的に判断

「人柄的には変な人ではないが、厳罰主義の裁判長ですよね。被告人にとってはとても厳しい。ただ、自分の考えにたまたまピタッとはまったら温情的な判断をすることもあり得る」

刑事裁判や法曹界の動向に詳しい中堅弁護士の一人は、小倉裁判長の判決の傾向についてそう指摘する。

奈良県の医師宅放火殺人をめぐって、漏出した少年らの供述調書を引用して単行本が出版された事件では、小倉裁判長は一審判決を支持して、元鑑定人の医師の控訴を棄却したが、「内容としては一審よりもかなり厳しくなっている」とこの弁護士は話す。

資料を見せた鑑定医は公益性を訴え、憲法の「表現の自由」で保護される行為だと主張したが、控訴審判決は「個人的な見解に過ぎない」とばっさり切り捨てた。また一審の奈良地裁判決は、取材側のモラルの問題を指摘した上で、「ただちに取材行為が違法とするのは困難」として「報道の自由」に配慮を示す判断をしたが、控訴審判決はそうした問題には全く触れていない。

憲法などを論じるまでもなく、被告人の主張をばっさり切り捨てて判決を出すのが、小倉裁判長の流儀なのだろうか。

別の弁護士は、「憲法や人権や報道の自由を前提として考える人ではない。広い視野のもとで審理して判断するような裁判官ではなく、やったかやらないかだけを形式的に認定して、悪い奴は悪いと単純に判断する裁判官ですよ」と分析した。

一方、ファイル共有ソフト「ウィニー」を開発して、元東大大学院助手が著作権法違反幇助の罪に問われた事件では、小倉裁判長は一審を破棄して逆転無罪を言い渡した。

小倉裁判長に批判的な弁護士も「あの判決はよかった」と評価する。

ただし、「あの事件は法理論上の問題だったから、たまたまあんな結論になっただけではないでしょうか。ものを作ってそれがどう使われるのか、悪いことに使われたら作った人間が犯罪に問われるのか、という理論上の問題でしょう。逆転無罪とした小倉裁判長がリベラルというわけでも何でもない」と解説した。

中川《なか》川《がわ》博《ひろ》之《ゆき》

大阪地裁部総括判事

「３人死亡放火」に無罪、羽賀研二にも無罪判決

◉いくつも無罪判決、チェック機能果たす

住民３人が死亡した放火事件で無罪（２０１０年２月）、準強姦致傷事件で無罪（２００９年10月）、傷害事件の共謀とされた男性に無罪（２００９年２月）、詐欺罪と恐喝未遂罪に問われたタレントの羽賀研二被告らに無罪（２００８年11月）、女子高生２人に対する痴漢容疑の男性に無罪（２００８年９月）など、ここ数年間だけを見てもいくつもの無罪判決を言い渡しているのが、大阪地裁刑事５部の中川博之裁判長だ（詳しい判決内容については、後述する主な判例を参照）。

「無罪判決を出すのにはかなりの勇気を要する」「裁判官生活の中で無罪判決を言い渡すのは１回あるかどうか」「無罪を連発すると裁判官として出世できない」などとささやかれていた時代は、もうそろそろ過去の話になりつつあるのだろうか。それともやはりほかの多くの裁判官と違って、中川裁判長が珍しく気骨のある裁判官の一人なのか。

これまで本書では、事実認定や証拠調べをしっかりした上で無罪判決を出す「良識派」と評価される裁判

長も何人か取り上げてきた。原田國男裁判長（34頁）や大島隆明裁判長（79頁）がそうだが、取材を通じて耳にするのは、いずれも刑事裁判官としては「少数派だ」という声だった。

「推定無罪」という刑事裁判の基本原則に基づいて、捜査機関の立証活動を鵜呑みにせずに、事実関係や証拠をきちんとチェックしている裁判官が残念ながら少数派であるのならば、むしろそのような裁判官にこそ光を当てて大々的に紹介するべきだろう。それはひいては、刑事裁判における「チェック機能」を果たしていない裁判官に対する痛烈な批判にもなるはずだ。

◉「バランス感覚のある裁判官」

中川裁判長の法廷で事件の審理を経験したことのある大阪の弁護士は、「常識的でおとなしい人ですよ。突出して人権派というわけではないし、リベラルな裁判官だとは思っていないが、中川さんの法廷は非常に安心していられますね」と話す。

「だからといって、こちらが手を抜いたらきっちりお返しがくる。見るところはしっかり見ている」

別の大阪の弁護士も、「非常にていねいでバランス感覚がある。被告人の言い分を忖度して判決が書ける人だと思う」と中川裁判長を評価する。

「勇気のいる判決を書いているとは思いますね。検察官が控訴しない事件ではないものについて、踏み込んで無罪と書くのは勇気ある裁判官だと思います」

さらにもう一人の大阪の弁護士は、「よく勉強しているオーソドックスな裁判官。確信的に無罪判決を出しているというわけではないんじゃないですか。無罪にすべきところを無罪にしているだけで、被告人に厳

しい判決も出している」と分析した上で、「バランス感覚のある裁判官だ」と評した。

東京の中堅弁護士は、首都圏在住の男性が大阪府警に逮捕された事件の弁護をしたことがある。

「審理の仕方や証拠の調べ方がとてもていねいで、弁護側の言い分や説明をしっかり聞いてくれた。温厚でよく勉強している珍しい裁判官だなあと感じた。有罪となったが納得のいく裁判だった」と語る。

別の東京のベテラン弁護士も、「中川さんの法廷で刑事事件の審理を２回ほど経験したことがあるが、きちっとした訴訟指揮で、バランスのある采配をしていた。自信を持って審理をやっているという感じだった」と述べている。

●修習生時代から「まじめで勉強家」

司法修習の同期生たちは一様に、「中川氏はまじめな人だった」と証言する。

同じクラスだった弁護士も、「まじめで正義感のある男という印象ですね。どんなテーマだったかは30年も昔のことなので覚えていませんが、クラスでの議論にもよく加わっていましたよ」と言う。

中川裁判長は、司法修習生時代からまじめな勉強家だったようだ。「でもだからといって、中川さんはガリ勉とは無縁でした」と、学生寮で一緒だった同期の弁護士の一人は振り返る。

「部屋に閉じこもって判例だけ勉強しているというのではなくて、夜になると寄宿していた寮のだれかの部屋に集まってみんなで飲んだり、法律論議をしたりしていました。もちろん恋愛論なんかも含めて、わいわいがやがやと議論になった」

ただ、学生時代からおとなしい人だったらしく、「俺が俺が」と前に出て自己主張したり、過激に議論を展開したりするようなタイプではなかったようだ。

同期だった元裁判官は、「いろんな人が学生寮の彼の部屋を訪ねて来ていたのをよく覚えている。非常に誠実な人柄なので人望があったんだと思います」と語った。

◉自由闊達な雰囲気の司法修習33期

中川裁判長と同期の司法修習33期は、10クラスで480人。かなり自由闊達でリベラルな雰囲気があったという。

冤罪事件の当事者から話を聞いたり、医療過誤弁護団の勉強会を開いたりするほか、労働争議の現場を訪問するなど、修習生による自主的な活動も盛んに行われていた。

同期の女性弁護士は、「いろいろ自主的に企画する元気な人が多かったですね。でも、当時の研修所教育はひどくて、刑事裁判の教官に意見を言ったら『検察を信じられなくてどうする』と怒鳴られるんですよ。

判決を実際に書いてみる起案で、無罪判決を書いたら『二回試験』（法曹資格取得のために研修所で受ける最後の試験）に落ちる、なんて言われていました。そういうのが反面教師になったかもしれないですね」と懐かしそうに笑って話してくれた。

「当時の司法修習は、のびのびと社会や人権について考えることができる自分の時間があった。裁判官に任官しようという人は、下手なことを言うと任官されないので、思っていても言わない。中川さんも同じだと思いますが、でも何かを我慢しているようには見えなかった」

中川裁判長ら33期生が修習生になった1979年には、「政治の季節」の喧騒は過去の話になっていた。保守系のメディアと政治家が、憲法擁護を掲げる青年法律家協会（青法協）の裁判官への攻撃を繰り返し、青法協脱退を拒んだ宮本康昭判事補が最高裁に再任拒否されたのは、8年前の1971年の出来事だ。

それでも、宮本再任拒否事件の衝撃はまだ記憶に新しく、司法の現状を考えるシンポジウムなどの集会が企画され、多くの修習生が参加したという。任官希望の修習生は、目を付けられて任官されなくなると困るので、そういうところには顔を出さない。刑事裁判官を志望していた中川裁判長も、ほかの任官希望者と同様だったようだ。

しかし、同期の弁護士の一人は、「私たち33期の任官希望の修習生は意識が高くて、きわめてリベラルな人が多いですよ。中川さんもそういう裁判官の一人ではないかと思っています」と話す。自由闊達な同期の雰囲気から、何らかの影響を受けているのは間違いないだろう。

◉大阪勤務が長く司法研修所教官も

中川博之氏は、和歌山県出身の58歳。神戸大学で法律を学び、1978年に23歳で司法試験に合格した（33期）。

司法修習生として神戸で実務修習後、裁判官に任官。1981年4月に大阪地裁に判事補として着任し、裁判官生活をスタートさせた。

任官2年後の1983年4月に大阪家裁判事補、翌年の1984年4月には鳥取地家裁判事補を務め、1987年4月に大阪地裁判事補に戻った。3年後の1990年4月に長崎地家裁福江支部に判事補として赴任し、1991年4月に同地家裁福江支部判事に就任した。翌年の1992年4月に大阪地裁判事、1995年4月から4年間は司法研修所の教官。

1999年4月に大阪地裁判事に戻り、2000年4月に大阪地裁の部総括判事（裁判長裁判官）に着任。現在まで同地裁部総括判事を務めている。

現場での実務だけでなく、司法研修所教官も任されており、裁判所からの信任は厚いと言っていいだろう。鳥取地家裁と長崎地家裁福江支部に赴任した以外は、実務は一貫して大阪勤務。関西出身である本人の希望なのかもしれないが、エリート裁判官として処遇されていると考えられる。

長崎地家裁福江支部は、五島列島の離島の裁判所で、こうした離島や僻地の裁判所に赴任する場合はおおむね2年間の勤務とされている。「大変なところで仕事をしてくれてご苦労さま」とねぎらう意味があるのか、その後の異動地域は希望が受け入れられやすいという。

◉裁判所の評価は高く国連会議にも派遣

長崎地家裁福江支部への異動が決まった際に、修習同期の仲間うちの集まりで、「遠島を申し付ける」「かわいそうに左遷か」などと冗談を言って、中川裁判長をからかったことがあった。これに対して中川氏は「離島のような不便な場所にも裁判所は必要なんだ」と大まじめに力説していたという。

同期の弁護士はその時、「裁判官らしい裁判官だなあと思った」と話す。

「正義を具現化するのが法律で、かっこいいことを言えば、法律をつかさどるというのは、正しい道を示すことだと思うんです。中川さんは素朴に素直に、その道に入ったのではないでしょうか」

中川裁判長は、弁護士だけでなく裁判所の中でも評価が高い。

タイのバンコクで２００５年に開かれた国連犯罪防止・刑事司法会議に、中川裁判長は日本政府の代表メンバーの一人として派遣されている。また２００７年には、裁判員裁判の模擬裁判の実施結果をもとに、円滑な評議ルールのモデル案をまとめた論文を法律専門誌に執筆している。（「裁判員模擬裁判実施結果報告」判例タイムズ58巻8号）

「優秀な裁判官だと認められているということだと思う」と複数の弁護士は太鼓判を押す。無罪判決が多いために評価が下がるとか冷遇されるといったことは、中川裁判長に関してはまずあり得ないようだ。

◉「合理的疑い」「自白は信用できない」

それでは中川裁判長は、これまでにどんな事件を担当し、どのような判決を言い渡してきたのだろうか。

主な判決をざっと見てみたいと思う。

◇◇◇

【女性誘拐の元巡査に懲役10年】(1999年9月6日、大阪地裁判決)勤務先の建設会社社長ら5人と共謀し帰宅途中の女性会社員を乗用車に押し込んで手足を縛って連れ去り、女性の父親に身代金を要求したとして、身代金目的誘拐や逮捕監禁致傷などの罪に問われた元大阪府警巡査の男に対し、懲役10年、罰金30万円(求刑・懲役13年、罰金30万円)を言い渡した。

【女児誘拐の元茨木市職員に懲役9年】(2000年11月7日、大阪地裁判決)下校途中の小学2年生の女児を誘拐して両親に身代金4200万円を要求したとして、身代金目的誘拐などの罪に問われた元大阪府茨木市職員の男に対し、懲役9年(求刑・懲役12年)を言い渡した。被害者を安全な場所で解放した場合に減軽するとした刑法の規定を適用して量刑判断した。

【連続強盗事件の主犯に懲役18年】(2001年12月10日、大阪地裁判決)大阪や兵庫など4府県のスーパーなど8店舗に仲間3人と押し入って計約7000万円を奪ったとして、強盗傷害などの罪に問われた主犯格の無職の男に対し、懲役18年(求刑・懲役20年)を言い渡した。

【ホームレスに放火の男に懲役2年/殺意否定し傷害罪適用】(2002年5月13日、大阪地裁判決)路上で寝ていたホームレスにライターで火をつけて約1週間のやけどを負わせたとして、殺人未遂の罪に問われた廃品回収業の男に対し、「殺意は認定できない」として傷害罪を適用し、懲役2年(求刑・懲役6年)を言い渡した。

【痴呆女性の財産横領/一部無罪判決】(2003年9月22日、大阪地裁判決)痴呆症の女性が所有する土地を代理人として売却し、土地の代金や定期預金など計約1億3000万円を着服したとして、横領の罪に問われた会社社長とその長男に対し、土地代金の1億1000万円については無罪とし、預金の横領について有罪と認め、社長に懲役2年、執行猶予5年（求刑・懲役5年）、長男に懲役2年、執行猶予3年（求刑・懲役2年）を言い渡した。「土地売却の時点では、女性が痴呆症で管理能力を喪失していると2人は認識していなかった」と判断した。

【強盗殺人の元塗装工に無期】（2003年12月1日、大阪地裁判決）大阪市内の商店街で洋服店経営の男性を殴打して絞殺し、現金やキャッシュカードを奪ったとして、強盗殺人の罪などに問われた元塗装工の男に対し、求刑通り無期懲役を言い渡した。捜査段階から犯行を否認していたが、銀行の防犯ビデオの映像から男の犯行と認定した。

【夫を殺害遺棄した妻に懲役15年】（2003年12月18日、大阪地裁判決）夫の浮気に腹を立て、弟と共謀して絞殺し遺体を切断し、高速道路上から淀川に捨てたとして、殺人や死体遺棄の罪などに問われた妻に対し、懲役15年（求刑・懲役17年）を言い渡した。

【立入検査忌避のオウム信者に有罪／団体規制法は合憲判断】（2004年1月20日、大阪地裁判決）オウム真理教（アーレフに改称）の大阪道場に対する公安調査庁の立入検査の際に、入会申込書などの書類を裁断し破棄したとして、団体規制法違反（立入検査忌避）の罪に問われた信者の男に対し、懲役8月、執行猶予4年（求刑・懲役8月）を言い渡した。「信教の自由が必要最小限の範囲で制約されるのはやむを得ない」として団体規制法は合憲と判断した。

【強盗殺人の男に無期懲役】（2004年9月16日、大阪地裁判決）大阪府箕面市のマンション経営者の女性を包丁で刺殺し、現金5万4000円などを奪ったとして、強盗殺人の罪などに問われた無職の男に対し、求刑通り無期懲役を言い渡した。

【JR西日本で救助中の二重事故/社員3人有罪、指令長ら2人無罪】（2005年1月20日、大阪地裁判決）大阪市淀川区のJR東海道線の塚本－尼崎駅間で、事故負傷した中学生の救助作業をしていた市消防局の救急隊員2人が、後続の特急列車にはねられ死傷した二重事故で、業務上過失致死傷の罪に問われたJR西日本・新大阪総合司令所の社員5人に対し、副総括指令長と尼崎駅員に禁固1年6月、執行猶予3年（いずれも求刑・禁固1年6月）、指令員に禁固1年、執行猶予3年（求刑・禁固1年）を言い渡した。

総括指令長（求刑・禁固1年6月）と別の指令員（求刑・禁固1年）には過失がなかったとして無罪を言い渡した。

【強盗殺人「幇助」の妻は無罪】（2005年2月3日、大阪地裁判決）大阪市内のパチンコ店で店長の男性が殺害され、売上金など約2400万円が奪われた事件で、強盗殺人の幇助の罪に問われた福岡市の無職夫婦に対し、妻に無罪（求刑・懲役7年）、夫には懲役3年6月（求刑・懲役10年）を言い渡した。妻については「犯行計画を認識していたとは言えない」と判断した。

【強盗殺人の男2人に無期と懲役12年】（2006年2月16日、大阪地裁判決）大阪市内の繁華街で会社員の男性に言いがかりをつけ、頭を十数回けり続ける暴行を加えて12日後に脳内出血で死亡させ、現金5万1000円の入った財布を奪ったとして、強盗殺人の罪に問われた無職の男2人に対し、犯行を主導した男に求刑通り無期懲役、もう1人の男には懲役12年（求刑・懲役15年）を言い渡した。

【連続強盗殺人の男に死刑判決】（2006年11月2日、大阪地裁判決）岐阜県揖斐川町の民家でパート女性から現金1万5000円を奪って絞殺し、2週間後に大阪市内のマンションで主婦を果物ナイフで脅して刺殺したとして、強盗殺人の罪などに問われた無職の男に対し、求刑通り死刑を言い渡した。

【弁護士名義貸しの西村真悟議員に執行猶予／「組織犯罪」は無罪】（2007年2月7日、大阪地裁判決）弁護士資格のない知人の無職男性が計45回にわたって交通事故の示談交渉などをした際に、自分の弁護士名義を使わせ、無資格の弁護士活動（非弁行為）で得た報酬であることを知りながら計約836万円の犯罪収益を受け取ったとして、弁護士法違反（名義貸し）と組織的犯罪処罰法違反（犯罪収益の収受）の罪に問われた衆院議員の西村真悟被告に対し、弁護士法違反罪について懲役2年、執行猶予5年（求刑・懲役2年、罰金100万円、追徴金約836万円）を言い渡した。

組織的犯罪処罰法違反については、「非弁行為の共同正犯で資金洗浄の恐れはなく、同法違反罪は成立しない」として無罪とした。

【女児ら連続強姦し放火13件5人死亡／求刑通り無期懲役】（2007年2月19日、大阪地裁判決）大阪、京都、東京など5都府県で7歳〜13歳の女児ら計15人に強姦致傷や強姦未遂をしたほか、住宅などに計13回の放火を繰り返して5人が死亡したとして、強姦致傷や現住建造物等放火などの罪に問われた無職の男に対し、求刑通り無期懲役を言い渡した。被告人は連続強姦事件の公判中に連続放火事件を供述したため、起訴・求刑をやり直していた。「死刑選択の余地もあるが、放火事件の供述は自首にあたる」とした。

【女子中高生ら18人を強姦／組員装った男に無期懲役】（2007年4月24日、大阪地裁判決）大阪市内の路上などで暴力団組員を装って言いがかりをつけ、中学・高校生4人を含む12歳〜24歳の女性計18人を車に連れ込んで強姦して金を奪うなどしたとして、強盗強姦やわいせつ目的略取などの罪に問われた無職の男に対し、求刑通り無期懲役を言い渡した。

【16歳を殺害の集団暴行事件／17歳の主犯少年に不定期刑】（2008年3月31日、大阪地裁判決）大阪市の淀川河川敷で、鳶職の16歳の少年が集団暴行されて殺害された事件で、殺人罪に問われた主犯格の17歳の少年に対し、殺意を認定して、求刑通り懲役5年以上10年以下の不定期刑を言い渡した。

【公金着服の前町長に執行猶予】（2008年8月19日、大阪地裁判決）土地開発公社の口座から公金1235万円を引き出して着服し、町道建設工事の入札情報を業者に漏らしたとして、業務上横領と競売入札妨害(偽計)の罪に問われた奈良県高取町の前町長・筒井吉盛被告に対し、懲役3年、執行猶予5年(求刑・懲役3年)を言い渡した。辞職して反省している点を考慮した。

【電車内で痴漢容疑の男性に無罪／別人の可能性も否定できず】（2008年9月1日、大阪地裁判決）JR大阪環状線の電車内で、女子高生の胸にひじを押しつけ、別の女子高生の尻を触ったとして、大阪府迷惑防止条例違反の罪に問われた会社員の男性に対し、無罪（求刑・懲役6月）を言い渡した。痴漢被害があった事実は認定したが、「（ひじは当たったが）車内は混雑しており故意と認めるには合理的疑いが残る」「被告人以外による犯行の可能性を否定できない」などと判断した。男性は一貫して無罪を主張していた。

【羽賀研二被告と渡辺二郎被告に無罪／被害者の証言は信頼できない】（2008年11月28日、大阪地裁判決）大阪市内の不動産会社社長に未公開株を3倍の高値で売り付けて約3億7000万円を詐取し、損失補償を求める社長に債権放棄を迫ったとして、詐欺と恐喝未遂の罪に問われたタレントの羽賀研二被告に対し、無罪（求刑・懲役8年）を言い渡した。恐喝未遂の共犯に問われた元プロボクシング世界王者の渡辺二郎被告にも無罪（求刑・懲役4年）を言い渡した。「（3倍の高値であることを知らなかったとする）社長の証言には信頼がおけない」などと判断した。

【傷害罪の組幹部の長男に無罪／共謀に疑い残る】（２００９年２月３日、大阪地裁判決）父親と共謀して知人の男性を殴って３週間のけがを負わせたとして、傷害の罪に問われた暴力団幹部の長男に対し、「動機がなく共謀や幇助があったとするには合理的疑いが残る」などとして、無罪（求刑・懲役10月）を言い渡した。別の暴力団組長の父親は、懲役10月（求刑・懲役1年）とした。

【準強姦致傷事件で無罪】（２００９年10月14日、大阪地裁判決）知人宅で酒に酔った女性を乱暴して10日間のけがを負わせたとして、準強姦致傷の罪に問われた会社員の男性に対し、「抵抗できない状態だったとは言えない」などと判断して、無罪（求刑・懲役6年）を言い渡した。

【3人死亡の放火事件で無罪／自白は信用できないと判断】（２０１０年２月16日、大阪地裁判決）大阪市西成区の木造アパートが全焼して住人３人が死亡した火災で、現住建造物等放火の罪に問われた無職男性に対し、無罪（求刑・懲役18年）を言い渡した。「虚偽の供述をした可能性があり自白は信用できない」などと判断した。男性は取り調べ段階でいったん犯行を認める供述をしたが、公判では無罪を主張していた。

【ハンナン元経理部長の再審開始決定／証拠隠滅の書類発見】（２０１０年11月25日、大阪地裁決定）輸入肉を国産肉と偽って補助金を不正受給したとされる「ハンナン」グループの牛肉偽装事件で、決算書や請求書などの証拠書類をシュレッダーで裁断したとして、証拠隠滅の罪に問われたグループ企業の元経理部長について、再審開始を決定した。裁断したとされる書類が見つかったことについて、書類は複製ではなく、無罪を言い渡すべき証拠だと判断した。

【暴言警部補の付審判請求を棄却／暴行陵虐罪成立は認める】（２０１１年２月23日、大阪地裁決定）遺失物等横領の疑いで任意取り調べ中、容疑を否認した男性に暴言を浴びせたとして、脅迫罪に問われた大阪府警東署の警部補の事件で、特別公務員暴行陵虐罪で審理するように男性側が求めた付審判請求に対し、二重起訴になるとして請求を棄却した。一方、脅迫の域を超えるとして、特別公務員暴行陵虐罪の成立を認める判断も示し、同罪よりも量刑の軽い脅迫罪で起訴した検察を事実上批判した。

【証拠FDデータ改ざんの前田元検事に懲役1年6月】（２０１１年4月12日、大阪地裁判決）障害者団体の郵便料金割引制度をめぐる事件で、厚生労働省の村木厚子・元局長が関与したとの構図に合わせるため、大阪地検特捜部が押収した証拠のフロッピーディスクの記録データを改ざんしたとして、証拠隠滅罪に問われた前田恒彦・元主任検事に対し、懲役1年6月（求刑・懲役2年）を言い渡した。

【柔道教室指導者に罰金刑／小1死亡】（２０１１年10月5日、大阪地裁判決）柔道教室で小１男児に連続して技をかけ頭を激しく揺さぶり死亡させたとして、業務上過失致死の罪に問われた指導者の整骨院元院長に対し、求刑通り罰金１００万円を言い渡した。

【郵便不正事件の元会長らに罰金刑】（２０１１年10月13日、大阪地裁判決）障害者団体の郵便料金割引制度を悪用し、ダイレクトメールを約２４５０万通発送して29億円の郵送料を不正に免れた事件に関与したとして、郵便法違反の罪に問われた通販・印刷会社の元会長に対し罰金４９８０万円（求刑・罰金５０１０万円）、執行役員に対し求刑通り罰金１５０万円を言い渡した。

【郵便不正事件の厚労省元係長に執行猶予】（２０１２年1月23日、大阪地裁判決）障害者団体の郵便料金割引制度適用のための証明書を偽造・発行したとして、有印公文書偽造・同行使などの罪に問われた厚生労働省の上村勉・元係長に対し、懲役1年、執行猶予3年（求刑・懲役1年6月）を言い渡した。

◉誠実に真実を求め無実の人は無実と判断

中川裁判長と同期の元裁判官は、「弁護士として刑事弁護を引き受けるようになって、刑事裁判官はこんなにひどいのかと絶望感を味わっている」と話す。

強盗殺人事件で重すぎる量刑を最高裁まで争って、形式的な判断にがっかりしたことがあるという。検察側の主張に合わせた事実認定をした方が労力がかからずに楽で、上司の覚えもめでたいと考えているのだろうか、と思うような裁判官が多いと感じる。

「中川さんは誠実に真実を求めて、無実の人は無実と腹をくくって無罪判決を書いているのだろう。そういうところで判断されるのなら納得できるはず。信頼できる裁判官の一人です」

別の同期の弁護士は、「中川さんはタカでもハトでもなくて、むしろ標準的な普通の裁判官だと思いますよ。事件に対し忠実に向き合って淡々と審理しているだけです」と指摘した。

「ほかの多くの裁判官が上の方ばかり見るヒラメで、事実認定があまりにひどくて、病的なまでに検察側の肩を持ち過ぎることがおかしい。中川さんが無罪判決を書くと目立つというそのことが、実は問題なんです」

裁判官として本来やるべきことをやっているだけで、そもそもそれが普通の姿ではないのかというのだ。

確かにそう言われたら、全くその通りとしか言いようがない。

◉大阪地裁の裁判長は全体的に常識的

中川裁判長だけでなく、「大阪地裁全体が事実認定をしっかり見直して、常識にかなった裁判をする機運が高まりつつある」といった見方もある。

「大阪高裁はひどい裁判官がほとんどで壊滅状態だが、大阪地裁の裁判長クラスはおおむねいい感じではないでしょうか」という感想は、関西で刑事弁護を手がける弁護士から数多く聞こえてきた。

またその一方で、「検察官の立証活動に最近は荒っぽさが目立つ」と捜査の不十分さを指摘する声もある。

「昔は『精密司法』と言われていて、微に入り細に入り調べていた。昔に比べて証拠収集で手抜きをしているのではないか、と思うようなことがある。検察が法廷に出してくる証拠を見ていると手抜きが見える」とベテラン弁護士は批判する。

裁判員裁判が導入されて、裁判員の拘束時間や負担をできるだけ軽減するため、証拠が絞り込まれるようになった。よく言えば「厳選している」ということかもしれないが、実際には核となる中心部だけで、証拠固めがきちんとされていない、というのだ。

「裁判員裁判だけでなく、一般の刑事事件でも同じような状況が広がっている。真実の発見という目的から考えれば本末転倒ではないですかね」

有罪を立証する側が杜撰で手抜きをしているという批判が本当ならば、無罪判決は、言い渡されるべくして言い渡されているのかもしれない。

岡《おか》田《だ》雄《ゆう》一《いち》

名古屋高裁長官

「東電OL」や「狭山事件」、再審請求審理が集中

◉再審請求事件が集中する東京高裁刑事4部

「狭山事件」（1963年5月）、「東電OL殺人事件」（1997年3月）、「富山事件」（1974年10月に東京都内で中核派が革マル派を襲撃して1人が死亡した事件）など、冤罪の疑いがあるとして世間に知られる再審請求事件の審理が集中する東京高裁刑事4部。この刑事4部の部総括裁判官（裁判長）に2010年1月、翌月に定年退官する門野博裁判長（本書4頁参照）の後任として着任したのが岡田雄一氏だ。

「有罪認定に合理的な疑いが残るなら無罪にする」「疑わしきは被告人の利益に」というのは刑事裁判の原則である。ところが、密室でつくられた自白や事実認定の誤りなどによって、冤罪なのに犯人とされてしまった事件は決して少なくない。

推定無罪の基本に忠実であろうとするならば、あるいは無実の人を誤審から救おうと考えるのであれば、再審開始の判断はもっと柔軟であっていいはずだ。犯人とするには疑わしいと思われる事実が存在する場合には、再審開始の扉はできるだけ大きく開いている方がいい。少なくとも審理をする機会は、可能な限り

与えられるべきだろう。

◉刑事裁判官としての評価は二分

岡田裁判長が東京地裁で裁判長をしていたころ、岡田裁判長の法廷での印象や訴訟指揮について、弁護士や訴訟関係者に取材したことがある。評価は二分されていた。ざっと紹介すると次のような内容だった。

◎典型的な官僚裁判官。
◎検察官の主張していることは全部正しいという姿勢で訴訟を進める。
◎解放派の活動家が羽田空港で取り調べを受け、公務執行妨害に問われた事件の一審で有罪判決を出したが、控訴審では警察官によるでっち上げだとして逆転完全無罪となった。
◎量刑判断は手堅くバランス感覚があるが、頭から有罪と決めてかかって、一方的な事実認定をするところがある。
◎病院側がカルテを改竄して証拠隠滅を図った医療過誤事件では、「公正・真摯な姿勢で審理に臨んでいた」として評価する弁護士もいる。

こうした岡田裁判長に対する賛否両論の見方は、今回改めて弁護士や訴訟関係者に取材してみても、それほど変わらなかった。

「あまりいい印象はない。人当たりはよくて話をよく聞いてくれても、判決までいくととんでもない裁判

官は結構いるからね」と批判的な評価がある一方で、「刑事裁判官には変な人が多いけど、岡田さんは紳士的な人だと思う。問題点をきちんと把握して意欲的に審理を進めていた」「理性的でざっくばらんなフランクな人という印象かな。弁護側の話もよく聞くし権力的な感じもしないね」と評価する声も数多く聞いた。

裁判官に対する評価としては、大きく3つに分類できる。まず、「あの裁判官に担当されるとどの事件も有罪にされる」「強権的で一方的な訴訟指揮だ」などとボロクソな批判しか聞こえてこないケース。そしてもう一つは、「結果に関係なく納得できる丁寧な審理と緻密な判決内容だった」「検察側だけでなく弁護側や被告人の話もきちんと聞いてくれるので安心できる」などと、どの人からも信頼され支持されるケースだ。

どちらも人物像としてはとても分かりやすい。裁判官の姿勢や傾向がほぼ一定しているため、周囲の見方もおおむね一致していると理解していいだろう。

このほかに、岡田裁判長のように評価が賛否両論に分かれるケースがある。裁判官自身の姿勢や傾向が定まらず、揺れ動いたり流されたりしているからだ。これがなかなか厄介で分かりにくい。法廷では温厚そうで、弁護人や被告人の主張にも熱心に耳を傾けているように見えるのに、最後になって理解を超えた納得できない判決を言い渡す裁判官も、このケースに含まれる。

もちろん、単なる印象論や好き嫌いだけで裁判官を評価するのは意味がない。それだと一面的な決めつけになってしまう危険性がある。判決内容を併せて見ることで、裁判官としての姿勢や人権感覚、さらには説得力のある公平な審理をしているかといった傾向が見えてくるのだ。

岡田裁判長の言い渡した主な判決は、この後で詳しく紹介するので参照してほしい。

●前任の門野博裁判長が証拠開示の流れ

岡田裁判長の前任者の門野博裁判長（定年退官）は、警察官の取り調べメモの証拠開示を検察官に命じる決定を出している（2007年11月8日）。最高裁第三小法廷も支持し、警察官のメモ開示を命じた東京高裁決定が確定した（2007年12月25日）。

さらに門野裁判長は、2009年12月16日に開かれた「狭山事件」の第3次再審請求審の三者協議で、殺害現場の血液検査の捜査資料などを証拠開示するよう検察側に勧告した。また、2010年1月21日に開かれた「富山事件」の再審請求審の三者協議でも、目撃者の供述調書や取り調べの捜査報告書など公判未提出の証拠開示を検察側に勧告している。

関係者によると、裁判所が検察に対して積極的に証拠開示を迫るのは、これまでの再審請求審の中ではなかった動きだという。

検察側が捜査で得た膨大な証拠を囲い込んで開示しないのは、刑事裁判ではよくある光景だ。しかしそれでは公正な審理などできないし、真実に到達することも難しい。門野裁判長の勧告は当たり前のことで、むしろそれまでが消極的過ぎたのだ。怠慢だったとも言える。

門野裁判長が検察側に証拠開示勧告したこの流れを、岡田裁判長はどのように引き継いでいくのだろうか。

2010年6月の「東電OL殺人事件」再審請求審の三者協議で、岡田裁判長は検察側に証拠開示を求める積極的姿勢を示したという。少なくとも証拠開示の流れを断ち切る方向ではなかった。

◉現場での実務経験が長い裁判官

岡田雄一氏は、鳥取県出身の63歳。京都大学で法律を学び、1972年に22歳で司法試験に合格した(27期)。司法修習生として東京で実務修習後、裁判官に任官。1975年4月に広島地裁に判事補として着任し、裁判官生活をスタートしている。

任官3年後の1978年4月に神戸家地裁尼崎支部判事補、2年後の1980年4月から3年間は大阪地裁判事補、さらに1983年4月には釧路地家裁網走支部判事補をそれぞれ務め、1985年4月に東京地裁判事に就任した。

1988年4月に函館家地裁に判事として赴任し、翌年の1989年4月に函館地家裁の部総括判事（裁判長裁判官）に着任。1991年4月に東京地裁判事・東京高裁判事職務代行、同年7月には法務大臣官房司法法制調査部参事官となった。1995年4月に東京高裁判事、1997年8月に東京地裁部総括判事、2008年9月に前橋地裁所長を経て、2010年1月に東京高裁部総括判事。2011年5月に東京地裁所長となり、2013年7月から名古屋高裁長官を務めている。

駆け出し判事補から中堅裁判官の時代は、地方の裁判所や支部を回って、現場での実務経験を重ねてきた。15年目を過ぎてからはほぼ一貫して東京勤務。東京地裁の裁判長は8年間と比較的長い。東京地裁の最後の3年間は所長代行として、新しい司法制度への対応や裁判員裁判の事前準備などを進めた。このほか法務・司法行政に携わったのは、法務大臣官房で参事官を経験した約4年間と、前橋地裁の所長を務めた約1年半。

法廷で裁判の一線に立ち続けている期間としては、どちらかと言うと長い方だろう。現場での実務経験のウエートが大きい「エリート裁判官」と言えるかもしれない。

◉大型経済事件や汚職事件を担当

それでは岡田裁判長は、これまでにどんな事件を担当し、どのような判決を言い渡してきたのか。主な判決をざっと見てみよう。

◇　◇　◇

【「日世」副会長を刺殺／暴走族少年の父親に懲役15年】（1998年3月26日、東京地裁判決）都内の自宅近くを散歩していた乳製品メーカー「日世」の副会長が刺殺され、共謀した暴走族仲間の少年らが殺人の罪に問われた事件で、埼玉の金融業者（同罪で起訴）から殺害を依頼された無職の男に対して懲役15年（求刑・無期懲役）、この男の次男の元パチンコ店員（当時19歳）に対して懲役10年（求刑・懲役13年）、元土木作業員（当時16歳）に懲役9年（求刑・懲役13年）を言い渡した。

【女子学生に痴漢／日テレ報道局の元プロデューサーに執行猶予】（1998年5月18日、東京地裁判決）通勤途中の東急東横線の車内で女子学生の下着に手を入れるなどの痴漢行為をしたとして、強制わいせつの罪に問われた日本テレビ報道局の元プロデューサー（休職中）に対し、懲役1年4月、執行猶予3年（求刑・懲役1年6月）を言い渡した。

【総会屋に利益供与／野村証券元社長ら幹部に執行猶予】（1999年1月20日、東京地裁判決）総会屋グループ代表の小池隆一被告に不正に利益供与したとして、商法違反（利益供与）と証券取引法違反（損失補塡）の罪に問われた野村証券元社長の酒巻英雄被告と元総務担当常務の藤倉信孝被告に対し、それぞれ懲役1年、執行猶予3年（求刑・懲役1年）、元株式担当常務の松木新平被告に懲役8月、執行猶予3年（求刑・懲役10月）を言い渡した。法人としての野村証券には、求刑通り罰金1億円を言い渡した。

【四大証券から利益供与／総会屋の小池隆一被告に懲役9月】（1999年4月21日、東京地裁判決）四大証券各社から計約6億9000万円の利益供与され、第一勧銀から関連ノンバンクを通じて約118億円の迂回融資を受けたとして、商法違反（利益受供与）、証券取引法違反（損失補塡要求）の罪に問われた総会屋グループ元代表の小池隆一被告に対し、求刑通り懲役9月、追徴金約6億9360万円を言い渡した。

【中島洋次郎前代議士に実刑判決／政党交付金流用や汚職事件】（1999年7月14日、東京地裁判決）総選挙で後援会幹部らに買収資金を渡した公職選挙法違反や、政党交付金の流用を隠すために使途報告書に虚偽記載した政党助成法違反、海上自衛隊の救難飛行艇試作機をめぐる汚職事件（受託収賄）など、4つの事件で5つの罪に問われた前衆院議員で元防衛政務次官の中島洋次郎被告に対し、懲役2年6月、追徴金1000万円（求刑・懲役3年6月、追徴金約1150万円）を言い渡した。

【女性客を強姦して焼死させる／針灸師に無期懲役】（2000年4月26日、東京地裁判決）治療に来た女性客に薬物を飲ませて強姦し針灸院に放火して焼死させたとして、現住建造物等放火、殺人、準強姦の罪に問われた針灸師の男に対し、求刑通り無期懲役を言い渡した。

【証券会社員を強盗殺害／元社長に無期懲役】（2002年5月8日、東京地裁判決）山梨県で元証券会社員を殺害して約4億2000万円を奪い、遺体を長野県の国有林に埋めたとして、強盗殺人や死体遺棄などの罪に問われた元会社社長に対し、無期懲役（求刑・死刑）を言い渡した。

【「ワン切り」でわいせつ音声／業者3被告に執行猶予】（2002年10月18日、東京地裁判決）着信音を1回鳴らして電話を切る「ワン切り」でわいせつな音声サービスを流したとして、わいせつ物陳列罪に問われた会社役員2人に対し、いずれも懲役1年、執行猶予3年（求刑・懲役1年）を言い渡した。共犯の罪に問われた会社員は懲役10月、執行猶予3年（求刑・懲役1年）とした。ワン切り業者への判決は初めて。

【東天紅の株価操作で虚偽情報／会社社長に執行猶予】（2002年11月8日、東京地裁判決）中華料理店大手「東天紅」の株価を操作するため、虚偽の株式公開買い付け（TOB）情報を流したとして、証券取引法違反（風説の流布）の罪に問われた会社社長に対し、懲役2年、執行猶予4年、罰金600万円（求刑・懲役2年、罰金1000万円）を言い渡した。

【ホームレスを生き埋め殺害／仲間の男女に無期と懲役10年】（2002年11月11日、東京地裁判決）墨田区の荒川河川敷でホームレスの男性の腹をハサミで刺し、テント小屋の前の穴に生き埋めにして殺害したとして、殺人の罪に問われたホームレス仲間の男女に対し、主犯格の男に求刑通り無期懲役、見張り役の女に懲役10年（求刑・懲役15年）を言い渡した。

【暴れる長男を押さえ死亡させる／母親と長女に無罪】（2002年11月21日、東京地裁判決）酒に酔って暴れる長男を押さえて窒息死させたとして、傷害致死の罪に問われた飲食店経営の母親と長女に対し、2人とも無罪（求刑はいずれも懲役4年）を言い渡した。判決は、高校生の次男（傷害致死罪で少年院送致）が長男の首を強く押さえたことで窒息死したと認定。母親と長女は次男の行為に気付いていなかったとして、母娘2人が足や腰を押さえたのは、暴れる長男から身を守る自己防衛の行為だったと判断。誤想防衛（正当防衛であると錯覚）の成立を認めた。

【オウム中川智正被告に死刑／地下鉄サリン事件など11事件に関与】（2003年10月29日、東京地裁判決）地下鉄サリン・松本サリン事件や坂本堤弁護士一家殺害事件など計11の事件にかかわったとして、殺人などの罪に問われたオウム真理教の元幹部で元医師の中川智正被告に対し、すべての事件を有罪と認め、求刑通り死刑を言い渡した。オウムの一連の事件のうち、一審で死刑判決を受けた元幹部は10人目。

【八葉物流グループ詐欺事件／元会長に懲役5年】（2004年2月23日、東京地裁判決）「全国八葉物流」グループの巨額詐欺事件で、出資すれば高額の配当金が得られるなどと嘘をついて88人から計約2億円をだまし取ったとして、組織犯罪処罰法違反（組織的詐欺）の罪に問われた八葉グループ元会長に懲役5年（求刑・懲役8年）、元社長に懲役4年6月（求刑・懲役8年）を言い渡した。このほか同グループの元幹部に対し、2人に懲役3年6月と懲役3年の実刑、3人に懲役3年～懲役2年、いずれも執行猶予5年の有罪判決を言い渡した。

【東京女子医大の手術ミスで女児死亡／カルテ改ざんの医師に執行猶予】（2004年3月22日、東京地裁判決）東京女子医科大病院の心臓手術ミスで小学6年の女児が死亡した事件で、人工心肺装置の操作を担当した同僚医師（循環器小児外科助手）の医療ミスを隠すためにカルテや記録を改ざんしたとして、証拠隠滅罪に問われた元同病院の男性医師（循環器小児外科講師）に対し、懲役1年、執行猶予3年（求刑・懲役1年）

を言い渡した。

判決は、被告人が看護師長らに命じて記録を書き換えさせた事実は認定したが、当時の主任教授（不起訴）の指示や事前共謀については認定しなかった。

【八葉物流グループ詐欺事件／元名誉会長に懲役9年】（2004年9月13日、東京地裁判決）「全国八葉物流」グループの破綻を隠しながら、出資すれば高額の配当金が得られるなどと嘘をついて88人から計約2億円をだまし取ったとして、組織犯罪処罰法違反（組織的詐欺）の罪に問われた八葉グループ元名誉会長に対し、懲役9年（求刑・懲役12年）を言い渡した。

【横領の神津島職員に懲役1年6月／一部無罪】（2004年11月1日、東京地裁判決）東京都神津島村の村民から業者が集金した「し尿処理手数料」計11回分803万円を着服したとして、業務上横領の罪に問われた同村の元福祉課主任（諭旨免職）に対し、懲役1年6月（求刑・懲役3年）を言い渡した。起訴されたうち1回分の87万円については立証が不十分だとして無罪とした。

【中医協の汚職事件／日歯の前専務理事に執行猶予】（2004年11月10日、東京地裁判決）歯科医の診療報酬改定の見返りに、中央社会保険医療協議会（中医協）の委員2人を接待し現金など計約637万円のわいろを贈ったとして、贈賄の罪に問われた日本歯科医師会（日歯）前専務理事の梅田昭夫被告に対し、懲役1年、執行猶予3年（求刑・懲役1年）を言い渡した。

【在日大使館職員の交通事故／特権認めず罰金刑】（2004年11月10日、東京地裁判決）在日スリランカ大使館の日本人の女性職員が人身交通事故を起こし、業務上過失傷害の罪に問われたが、「ウィーン条約に基づく外交官特権」を理由に公訴棄却を主張した裁判で、職員には刑事裁判権が及ぶとして、女性職員に罰金

15万円（求刑・罰金20万円）を言い渡した。

【旧橋本派ヤミ献金事件／会計責任者に執行猶予】（2004年12月3日、東京地裁判決）日本歯科医師連盟（日歯連）から自民党旧橋本派への1億円ヤミ献金事件で、政治資金規正法違反（不記載）の罪に問われた同派の政治団体「平成研究会」元会計責任者の滝川俊行被告に対し、禁固10月、執行猶予4年（求刑・禁固10月）を言い渡した。判決では、滝川被告と元官房長官の村岡兼造被告（同罪で在宅起訴）の共謀も認定。「滝川被告が村岡被告の指示に反するのは困難だった」と判断して執行猶予とした。

【ホームレスの男性を暴行水死／少年2人を家裁移送】（2005年1月13日、東京地裁決定）東京都江東区の旧中川でホームレスの男性を暴行し水死させたとして、傷害致死の罪に問われた17歳の無職の少年2人に対し、保護処分による教育で更生が期待できると判断して、刑事処分でなく東京家裁に移送する決定をした。検察側は、年長の1人に懲役5年～10年、もう1人に同4年～8年の不定期刑を求刑していた。

【日歯連ヤミ献金事件など／内田前理事に執行猶予】（2005年3月29日、東京地裁判決）自民党旧橋本派への1億円ヤミ献金事件や中央社会保険医療協議会（中医協）をめぐる汚職事件などで、政治資金規正法違反（不記載）や贈賄など4つの罪に問われた日本歯科医師連盟（日歯連）前常任理事の内田裕丈被告に対し、懲役2年6月、執行猶予5年（求刑・懲役3年）を言い渡した。「領収書の発行を拒まれたことがきっかけとなった」などの事情を判断して執行猶予をつけた。

【現金要求の元総会屋に懲役5月】（2005年5月18日、東京地裁判決＝単独）株主総会で質問すると言ってアサヒビールなど3社に現金を要求したとして、商法違反（利益供与要求）の罪に問われた元総会屋の男に対し、懲役5月（求刑・懲役6月）を言い渡した。

【日歯連ヤミ献金事件など／臼田前会長に執行猶予】（2005年5月31日、東京地裁判決）自民党旧橋本派への1億円ヤミ献金事件や中央社会保険医療協議会（中医協）をめぐる汚職事件などで、政治資金規正法違反（不記載）や贈賄など3つの罪に問われた日本歯科医師連盟（日歯連）前会長の臼田貞夫被告に対し、懲役3年、執行猶予5年（求刑・懲役4年）を言い渡した。「領収書の発行を拒まれたことがきっかけとなった」として執行猶予をつけた。

【苦情の男性客を刺殺／牛丼店の元店長に懲役10年】（2005年6月23日、東京地裁判決）接客や弁当にクレームをつけた男性客の自宅を訪れて刺殺したとして、殺人の罪に問われた牛丼店の元店長に対し、懲役10年（求刑・懲役14年）を言い渡した。

【祖父母刺殺の男／心神喪失観察で入院決定】（2005年9月27日、東京地裁決定＝単独）祖父母をナイフで刺殺したとして、殺人の疑いで逮捕されたが、心神喪失のために起訴されなかった無職の男に対し、心神喪失者医療観察法に基づく入院決定をした。鑑定入院期間の最終日に、医師の鑑定結果などをもとに判断した。

【東京女子医大の手術ミスで女児死亡／人工心肺操作の医師に無罪】（2005年11月30日、東京地裁判決）東京女子医科大病院の心臓手術ミスで小学6年の女児が死亡した事件で、業務上過失致死の罪に問われた元同病院の男性医師（循環器小児外科助手）に対し、無罪（求刑・禁固1年6月）を言い渡した。人工心肺装置の機能低下が死亡につながったことや構造上の欠陥を認める一方、装置を操作した医師には「人工心肺の不具合や欠陥を予見できなかった」と判断した。

この事件では、医療ミスを隠すためにカルテを改ざんした同病院の別の男性医師（循環器小児外科講師）が証拠隠滅罪に問われ、有罪（懲役1年、執行猶予3年）が確定した（本書135頁）。

【長野のホテルで女性殺害／懲役22年の裁判員裁判を支持】（２０１０年４月13日、東京高裁判決）長野市内のホテルで女性を殺害したとして、殺人などの罪に問われた無職の男の控訴審で、一審の長野地裁判決（懲役22年）＝裁判員裁判＝を支持し、被告側の控訴を棄却した。

【マカオの少女２人を人身売買／台湾人男性に逆転無罪】（２０１０年７月13日、東京高裁判決）監視役の男（一審で有罪確定）と共謀し、マカオ出身の少女２人をスナック経営の女（一審で有罪確定）に売り渡したとして、人身売買の罪に問われた台湾人男性の控訴審で、一審の千葉地裁判決（懲役3年、執行猶予5年）を破棄し、逆転無罪を言い渡した。少女２人が逃げられないように支配下に置かれていた事実はない、と判断した。

【強盗致傷の被告を減刑／一審判決後の示談を考慮】（２０１０年７月20日、東京高裁判決）松本市内の民家の土蔵に侵入し男性にけがを負わせたとして、強盗致傷と建造物侵入の罪に問われた無職の男の控訴審で、一審の長野地裁松本支部判決（懲役7年）＝裁判員裁判＝を破棄し、懲役6年6月を言い渡した。一審判決後に被害者と示談が成立したことから、一審判決は重すぎると判断した。

【覚せい剤持ち込みの英国女性に逆転無罪】（２０１０年12月9日、東京高裁判決）覚せい剤約１・４キロをスーツケースの二重底に隠してマレーシアから持ち込もうとしたとして、覚せい剤取締法違反の罪に問われた英国籍の女性の控訴審で、一審の千葉地裁判決（懲役8年、罰金４００万円）を破棄し、逆転無罪を言い渡した。

◉裁判員裁判が裁判官の心理に影響か

「これまでは検察の顔色をうかがう裁判官や、捜査当局の調書を鵜呑みにして丸写しにしたような判決を書く裁判官が多かったが、最近は少し様子が変わってきたような気がする」

弁護士や訴訟関係者から、そんな感想が聞こえてくる。裁判員裁判がスタートし、刑事事件の判決に市民が関わるようになって、裁判官が市民の目や反応を意識せざるを得なくなったのではないかというのだ。

捜査資料などの証拠開示を促す流れは、裁判員裁判を意識したプラスの影響の一つだろう。検察側の主張だけを聞いて捜査資料の証拠開示を認めなければ、市民の理解は得られない。公判前整理手続きや裁判員裁判そのものがうまく機能しなくなる、といったことも裁判所は危惧し始めたようだ。

裁判員裁判の導入を意識した裁判改革の流れは、最高裁の方針でもある。

再審判決で完全無罪が言い渡された「足利事件」の衝撃が大きかったのではないか、と指摘する声もある。やってもいない罪を自白させられた菅家利和さんは、科学的な証拠に基づいて無実が明らかにされた。ほかの事件でも、真犯人が出現したことで無罪が言い渡されるなど、デタラメな裁判と捜査の実態が相次いで露呈した。

「いい加減なことをするとまずい」という意識が、捜査当局や最高裁の中に生まれてきたとしてもおかしくない。少なくとも、司法全体の雰囲気や風向きが変わってきているのは確かだろう。

「日本の裁判官は上（最高裁）の方ばかり見ているヒラメ裁判官がほとんどだ」とよく批判される。最高裁が人事や給与などの処遇で、全国の裁判官を管理しているからだ。最高裁の動向に人一倍敏感で、自分の書いた判決が上級審でひっくり返されることを一番恐れる「ヒラメ裁判官」の大半は、最高裁の風向きが変われば右へならえするだろう。

岡田裁判長が「ヒラメ裁判官」なのかどうかは分からない。ただ、東京地裁所長代行や前橋地裁所長の時、裁判員裁判の準備に積極的だった。そういう意味では、市民の反応を意識した審理を期待したいものだ。

ちなみに、東京高裁刑事4部の陪席には川口政明裁判官がいた。強制執行妨害罪に問われた安田好弘弁護士に対し、一審の東京地裁の裁判長として無罪判決を言い渡し、「取り調べには不当で強引な誘導があった。検察官の態度はアンフェアだった」と指摘した人物だ。岡田裁判長がどのようなコンビネーションを見せてくれるのか、そこにも注目したいと思っていたのだが、1年ほどであっという間に異動してしまった。これでは腰を落ち着けた慎重な審理は、残念ながら期待できない。

楢《なら》崎《ざき》康《やす》英《ひで》

元山口家裁所長・現公証役場公証人

「光市事件」で死刑判決、「広島女児」は差し戻し

◉「厳罰化」求める世論を背景に

楢崎康英裁判長は、「光市母子殺害事件」の差し戻し控訴審（広島高裁刑事1部）で元少年に死刑を言い渡したことで知られる。さらに、「広島女児殺害事件」のペルー国籍の男の控訴審では、無期懲役とした一審判決を破棄し、審理を地裁に差し戻したことでも注目された。

いずれの事件も、凶悪犯罪に対して厳罰化を求める国民感情の高まりや、犯罪被害者支援の動きなどを背景に、世間やマスコミの強い関心を集めた。死刑か無期懲役か、裁判所がどのような判断をするのか注視されることにもなった。

一審、二審と無期懲役が言い渡された「光市母子殺害事件」の元少年に対し、最高裁が「量刑は不当だ」として審理を差し戻した時点で、裁判の流れは大きく転換し、事実上ある一定の方向に向かうことになったと言っていいだろう。そんな中で楢崎裁判長が言い渡した死刑判決は、厳罰化を求める世論から拍手喝采される一方、少年事件の審理や死刑適用に慎重さを求める弁護士・専門家からは、厳しい批判にさらされた。

ペルー国籍の男の控訴審判決でも、無期懲役とした一審判決を破棄して審理を差し戻したのは、「死刑を期待しての判断だろう」と推測する人たちは少なくない。

楢崎裁判長は、いわゆる「厳罰化」の世論に乗って被告人を一刀両断し、次々に極刑を言い渡すような裁判官なのだろうか。

しかし実は、楢崎裁判長はこれまでに、無罪判決や逆転無罪判決をいくつも言い渡している。一審判決を破棄して、審理のやり直しを命じる判決も多い。楢崎康英氏とはどのような裁判官なのだろう。

◉「優秀」「私の印象はトリプルA」

楢崎氏は、学生時代からかなり優秀で切れ者だったらしい。

「われわれ26期は10年に一度の優秀な人材が揃っている期だと、司法修習の教官からよく言われました」と元裁判官は笑う。同期の弁護士も、「大学紛争の影響で、就職せずに司法試験を受ける連中が大勢いて、成績のいい学生が多かった」と話す。

楢崎氏もそんな一人だったようだ。東大で同級生だった同期の弁護士は、「楢崎君は独学で在学中に司法試験に合格した。超優秀で5本指に入る。当時から頭の切れる人間だった」と振り返る。

任官してからも、優秀という評価は変わらない。

岡山地裁の法廷で、楢崎裁判長の審理をいくつも経験した弁護士は、「事件の処理能力は高く、常識的な判断をする人だ」と語る。

「聴覚障害のある被告人の事件では、事情を考えて温情的な決断をして公訴を取り消してくれた。前例のない決定でした。私の印象ではトリプルAの裁判官です」

別の弁護士は、「控訴審で楢崎さんが一審判決を破棄して、実質的に無罪となった。判決内容には不満もあるが、踏み込んで判断してくれる」と話す。

「刑事裁判官としてそれなりに腹の座ったところがある。いい意味でも悪い意味でも、決断する時は決断する。少なくとも権力側だけを見ている人とは思えない」

広島の弁護士の間では、「無罪判決も書いているが官僚的」「新たな証人尋問を認めない」「安定感はあるが、刑事訴訟法に忠実で杓子定規な判断をする」といった否定的な受け止め方もされるが、その一方で、「正義感の強い裁判官」「彼は筋を通す」と肯定的な評価をする弁護士もいる。

「上司にごまをするタイプが出世するが、彼はそういうタイプではない。頭が切れすぎて上司や上の裁判所からすると煙たい存在だろう」

◉「司法行政」とは縁のない実務派

楢崎康英氏は、広島県出身の64歳。東京大学で法律を学び、1970年に21歳で司法試験に合格した（26期）。司法修習生として広島で実務修習後、裁判官に任官。1974年4月に大阪地裁に判事補として着任し、裁判官生活をスタートさせている。

任官2年後の1976年4月に、大阪家裁の判事補となり、翌年の1977年3月に鳥取地家裁米子支部の判事補に異動、1980年4月に大阪地裁に戻って判事補、1984年4月に金沢地裁の判事に就任した。その後、1988年4月に山口家地裁宇部支部の判事、1991年4月に山口地家裁宇部支部長を経て、1993年4月に大阪高裁の判事に着任。1996年4月に岡山地家裁の部総括判事（裁判長裁判官）となった。

2001年4月に京都地裁の部総括判事、2005年4月に大阪高裁の判事と異動を重ねて、2006年7月から3年2カ月にわたって広島高裁の部総括判事を務めた。2009年9月から山口家裁所長を務め、2011年12月に依願退官した。現在は公証役場公証人。

関西や中国・山陰地方を中心に、地裁や家裁、支部などの最前線で実務経験を積み重ねてきたベテラン。いわゆる「司法行政」を左右するエリート官僚裁判官とはあまり縁のない実務派の一人と言っていいだろう。関西や中国地方の勤務が多いのは、出身地や司法修習が広島であることも影響しているのかもしれない。

広島高裁の部総括判事から山口家裁所長という異動は、どうとらえればいいのだろう。明らかな左遷だと断言する人もいれば、通常の人事だと言う人もいる。

楢崎氏と似た経歴の裁判官として、同じ東大で同期の山口幸雄氏の場合だと、2006年4月に長崎地裁所長に着任後、2008年1月に福岡高裁で部総括判事を務め、2010年1月に福岡地裁所長に就任している。

同期の元裁判官は、「所長になるのが同期では遅い方かもしれない」と指摘。同期の弁護士は、「山口家裁はランク的には落ちる。同期の裁判官からすれば、出世から外れているかなあ」と分析する。

広島高裁が始まって以来と言われる大変な時期に、楢崎裁判長は重要事件をいくつも担当した。そのころ、同期の弁護士が飲み会の席で「疲れてるんじゃないか」と尋ねると、楢崎裁判長は「ちょっとなあ」とこぼしたという。苦労が多い割には報われていない。

◉「審理を尽くしていない」と差し戻し

それでは楢崎裁判長は、これまでにどんな事件を担当し、どのような判決を言い渡してきたのだろうか。主な判決をざっとチェックしてみる。

◇　◇　◇

【短銃乱射し4人死傷／元社長に死刑】（1999年2月26日、岡山地裁判決）同業者が工事の受注を増やしたのを恨んで短銃を乱射し、同業者ら3人を射殺し1人に重傷を負わせたとして、殺人などの罪に問われた建設会社の元社長に対し、求刑通り死刑を言い渡した。

【窃盗事件で「訴訟能力ない」／聴覚障害者の公訴棄却】（1999年9月3日、岡山地裁決定＝単独）読み書きや手話がほとんどできない聴覚障害者の男性が、現金600円を盗んだなどとして窃盗罪に問われた裁判の差し戻し審で、検察側の公訴取り消しの申し立てを受け、公訴を棄却した。1980年の起訴から19年ぶりの裁判打ち切り。

最初の一審の岡山地裁は「黙秘権が本人に伝わっていない」として公訴棄却したが、検察側が控訴し、二審の広島高裁岡山支部は一審判決を破棄して審理を差し戻した。弁護側は上告したが、最高裁は高裁判決を支持したため、岡山地裁で審理をやり直していた。

差し戻し審で岡山地裁は1997年7月に、公判手続きを一時的に停止する公判停止を決定した。「公判停止では被告人の立場に置かれたままになる」と弁護側は裁判打ち切りを主張。検察側が1999年9月1日付で公訴の取り消しを申し立てた。

【1億円詐欺事件／前津山市議に懲役3年8月】（2000年9月27日、岡山地裁判決）市が計画する総合ゴミ処理センターの建設工事の仕事を回すと持ちかけ、建設業者から現金1億円をだまし取ったとして、詐欺罪に問われた前岡山県津山市議に対し、懲役3年8月（求刑・懲役5年）を言い渡した。

【パチンコ店で強盗殺人／死刑求刑に無期懲役】（2001年3月29日、岡山地裁判決）パチンコ店の役員を車のトランクに入れて海に落として殺害し、店から現金1000万円を奪ったとして、強盗殺人などの罪に問われた元パチンコ店員とトラック運転手に対し、首謀者の元店員に無期懲役（求刑・死刑）、運転手に懲役8年（求刑・無期懲役）を言い渡した。

【専門学校理事長刺殺事件／否認の男性に無罪】（2002年2月22日、京都地裁判決）専門学校の駐車場で学園理事長の女性の胸などを刃物で刺し殺害したとして、殺人の罪に問われた無職男性に対し、無罪（求刑・懲役13年）を言い渡した。「何らかの形で事件に関与していることは認められる」としたが、「起訴事実が合理的な疑いをいれないまで証明されたとは言えない」と判断した。
検察側は状況証拠や目撃証言をもとに有罪を主張したが、「目撃証言と食い違う」「疑わしきは被告人の利益にという原則にのっとる」として退けた。男性は一貫して犯行を否認していた。

【強姦致傷罪の成立認めず／傷害罪適用し罰金刑】（2002年4月19日、京都地裁判決）スナックで知り合った女性を自宅で乱暴し顔を殴って1週間のけがをさせたとして、強姦致傷の罪に問われた男性に対し、強姦致傷罪の成立を認めず、傷害罪を適用して罰金20万円（求刑・懲役4年）を言い渡した。「女性の供述は不自然で信用できない」などと判断した。

【大学跡地売却で詐欺／元理事長に執行猶予】（2002年9月20日、京都地裁判決）米国フィリップス大学日本校の跡地売却金を実際より低く報告し、抵当権を抹消させて差額2億5000万円をだまし取ったなどとして、詐欺罪に問われた同校の元総長で京都科学技術学園の元理事長に対し、懲役3年、執行猶予4年（求刑・懲役4年）を言い渡した。

【連続強姦事件の元巡査長に懲役12年】（2002年10月18日、京都地裁判決）マンションに侵入して大学生ら女性3人に乱暴し、駐車場で女性をナイフで脅し車内で暴行したなどとして、強姦致傷などの罪に問われた滋賀県警大津署の元巡査長（懲戒免職）に対し、懲役12年（求刑・懲役15年）を言い渡した。別の窃盗事件については一部無罪と判断した。

【佐川急便の法人登記を書き換え／元京都府議に執行猶予】（2003年10月2日、京都地裁判決）佐川急便の法人登記の役員欄を勝手に書き換えて、役員全員が解任され自分らが役員になったとの虚偽の議事録を作り法務局に提出したとして、有印私文書偽造・同行使、電磁的公正証書原本不実記録などの罪に問われた元京都府議の会社役員に対し、懲役2年、執行猶予4年（求刑・懲役2年）を言い渡した。

【逆送され起訴の少年／再び家裁移送】（2003年10月15日、京都地裁決定）遊び仲間の16歳の少年を鉄パイプや丸太で殴るなど集団で暴行し死なせたとして、傷害致死罪に問われた18歳の少年に対し、「刑事処分よりも少年院で矯正を図るべき」として家裁に事件を移送した。京都家裁が「刑事処分が相当」と京都地検に送致（逆送）して起訴され、懲役5年〜9年の不定期刑が求刑されていた。

【看護師強盗殺人／求刑通り無期懲役】（2004年2月27日、京都地裁判決）マンションで看護師を殺害し現金やカードを奪ったなどとして、強盗殺人や強盗致傷などの罪に問われた元会社役員に対し、求刑通り無期懲役を言い渡した。

【ウィニーでゲームソフト公開／少年に執行猶予】（2004年3月5日、京都地裁判決＝単独）ファイル交換ソフト「ウィニー」を使って、インターネット上に任天堂などのゲームソフトを公開したとして、著作権法違反の罪に問われた無職の少年に対し、懲役1年、執行猶予3年（求刑・懲役8月以上1年）を言い渡した。

【舞鶴市の公共工事汚職／贈賄の元社長に執行猶予】（2004年8月31日、京都地裁判決）京都府舞鶴市発注の林道整備工事などの指名競争入札で、最低限価格を教えてもらった謝礼に現金170万円を同市の元水道部工務課長に渡したとして、贈賄罪に問われた建設会社の元社長に対し、懲役1年6月、執行猶予3年（求刑・懲役1年6月）を言い渡した。

【主婦を刺殺し現金奪う／工員に無期懲役】（2004年11月19日、京都地裁判決）自宅寝室で寝ていた主婦をナイフで刺殺し現金23万円を奪ったとして、強盗殺人などの罪に問われた工員に対し、求刑通り無期懲役を言い渡した。

【ウィニー使って映画公開／著作権法違反で執行猶予】（２００４年11月30日、京都地裁判決）ファイル交換ソフト「ウィニー」を使って、自宅のパソコンからインターネット上に映画を公開したとして、著作権法違反（公衆送信権の侵害）の罪に問われた風俗店員に対し、懲役１年、執行猶予３年（求刑・懲役１年）を言い渡した。交換ソフトの開発者よりも使用者が正犯だと指摘した。

【公判で被害者に偽証させる／弁護士に執行猶予】（２００５年３月８日、京都地裁判決）強盗致傷事件で弁護した暴力団幹部が有利になるように、公判で被害者に偽証させたとして、偽証罪に問われた京都弁護士会の弁護士に対し、懲役２年、執行猶予５年（求刑・懲役２年）を言い渡した。

【同居女性を縛って焼死／放火殺人の元俳優に懲役15年】（２００５年３月25日、京都地裁判決）同居女性の手足を縛って自宅に放火し焼死させたとして、殺人と現住建造物等放火の罪に問われた元俳優に対し、懲役15年（求刑・無期懲役）を言い渡した。

【元交際相手の母親を刺殺し放火／一審破棄し無期懲役】（２００７年４月10日、広島高裁判決）元交際相手の自宅で金銭トラブルから母親をナイフで刺殺し、現金を奪って放火し住宅を全焼させたなどとして、強盗殺人や現住建造物等放火などの罪に問われた元アルバイト店員の控訴審で、一審の広島地裁判決（懲役25年）を破棄し、求刑通り無期懲役を言い渡した。

【法廷の傍聴席から証人威迫／逆転無罪】（２００７年４月10日、広島高裁判決）覚せい剤密売組織の元構成員の被告人を大声で怒鳴るなどして脅した仲間２人と共謀し、法廷の傍聴席から被告人を睨みつけて脅したとして、証人威迫などの罪に問われた元構成員の男の控訴審で、一審の広島地裁判決（懲役１年、執行猶予３年）を破棄し、無罪を言い渡した。一審で認定された幇助について、「睨みつけた行為は相手に認識されていない」と認めて幇助は成立しないとした。

【JR芸備線で停車駅通過／元車掌に逆転無罪】（2007年5月29日、広島高裁判決）JR芸備線で停車予定駅を誤って通過させ、ホーム上の乗客に危険を生じさせたとして、鉄道営業法違反の罪に問われたJR西日本広島支社の元車掌の控訴審で、一審の可部簡裁判決（罰金2万円）を破棄し、無罪を言い渡した。「具体的危険が発生したと認定するには疑問が残る」として、元車掌に過失はないと判断した。

【偽1万円札使用／会社役員に逆転有罪】（2007年5月31日、広島高裁判決）知人から受け取った偽の旧1万円札100枚を日本銀行の支店で両替しようとしたほか、商店で使ったなどとして、偽造通貨行使の罪に問われた会社役員の控訴審で、無罪とした一審の広島地裁判決を破棄し、懲役4年（求刑・懲役7年）を言い渡した。「偽札であると認識していた」と認定した。

【詐欺仲間の殺害を依頼／懲役20年を支持】（2007年9月4日、広島高裁判決）振り込め詐欺グループ仲間の殺害を知人夫婦らに依頼し、頭をコンクリートブロックで殴り、なたで首を切るなどして殺したとして、殺人や詐欺の罪に問われた無職の男の控訴審で、一審の広島地裁判決（懲役20年）を支持し、被告人側の控訴を棄却した。

【2児を虐待死／無期懲役を支持】（2007年9月11日、広島高裁判決）同居中の女（殺人などの罪で懲役12年が確定）と共謀し、女の長男（6歳）と長女（4歳）を虐待して殺したなどとして、殺人や傷害致死などの罪に問われた無職の男に対する差し戻し後の控訴審で、無期懲役とした一審の広島地裁判決を支持し、被告人側の控訴を棄却した。

【密売組織の仲間を暴行／被告の控訴棄却】（2007年9月13日、広島高裁判決）不動産会社に銃弾計11発を発砲し、覚せい剤密売組織を離脱した仲間を監禁し暴行したなどとして、銃刀法違反や逮捕監禁、傷害などの罪に問われた密売組織構成員の男の控訴審で、一審の広島地裁判決（懲役17年）を支持し、被告人側の控訴を棄却した。

【養父と妻を殺害／二審も死刑】（２００７年10月16日、広島高裁判決）交通事故を装って養父を殺害し、妻に睡眠導入剤を飲ませて風呂場で水死させて広島港に遺棄し、保険金計約７３００万円をだまし取ったとして、殺人や詐欺などの罪に問われた建設資材会社の元役員の控訴審で、死刑を言い渡した一審の広島地裁判決を支持し、被告人側の控訴を棄却した。

【隣家侵入し強盗殺人／二審も無期懲役】（２００８年１月17日、広島高裁判決）隣家に侵入して一人暮らしの女性を絞殺し現金１万４千円を奪ったなどとして、強盗殺人や死体遺棄などの罪に問われた無職の男の控訴審で、無期懲役とした一審の広島地裁判決を支持し、被告人側の控訴を棄却した。

【トラック荷台から鉄柵落下／過失致死に実刑判決】（２００８年３月18日、広島高裁判決）大型トラックの荷台から鉄柵を落下させて対向車の男性を死亡させたとして、自動車運転過失致死の罪に問われた運送会社の元経営者の控訴審で、一審の広島地裁三次支部判決（禁固２年、執行猶予５年）を破棄し、禁固１年４月（求刑・禁固１年６月）を言い渡した。

【光市の母子殺害事件／元少年に死刑判決】（２００８年４月22日、広島高裁判決）山口県光市の母子殺害事件で、殺人と強姦致死、窃盗の罪に問われた元少年（事件当時18歳１カ月）の差し戻し控訴審で、無期懲役とした一審の山口地裁判決を破棄し、求刑通り死刑を言い渡した。殺意や強姦目的を否認する新たな供述の信用性について、「不自然で到底納得できない」と否定。「生育環境による人格形成や精神発達の未熟さは、死刑の選択を回避するに足る事情とまでは言えない」と判断した。

一審の山口地裁と二審の広島高裁は、被告人の年齢や更生の可能性を理由に無期懲役を言い渡したが、最高裁は上告審判決で、二審判決の量刑は不当だとして破棄し、審理を高裁に差し戻した。

最高裁が死刑選択の指標とされる「永山基準」を示して以降、犯行時に少年だった事件で死刑が確定したのは2件。いずれも19歳で殺害人数は4人。

【証人威迫罪の弁護士／無罪を破棄して差し戻し】（2008年6月17日、広島高裁判決）指定暴力団の会長から恐喝された解体業者に対し、捜査当局に供述しないよう脅したとして、証人威迫の罪に問われた広島弁護士会の弁護士の控訴審で、無罪とした一審の広島地裁判決を破棄し、審理を地裁に差し戻した。「証人威迫罪の成立について審理を尽くす必要がある」とした。

【漁船と衝突し船長死亡／禁固を破棄し罰金刑に】（2008年7月24日、広島高裁判決）操船中のプレジャーボートの見張りを怠ったため漁船と衝突し、漁船の船長を死亡させたとして、業務上過失致死と業務上過失往来危険の罪に問われた消費者金融の元社長の控訴審で、一審の山口地裁判決（禁固10月、執行猶予3年）を破棄し、罰金50万円を言い渡した。「漁船も回避義務を負っていた」などとして、一審の量刑は重すぎると判断した。

【農家の夫婦を殺傷／「審理尽くしていない」と差し戻す】（2008年9月2日、広島高裁判決）農家の夫婦を包丁で切りつけて殺傷したとして、殺人と殺人未遂などの罪に問われた無職の男の控訴審で、一審の山口地裁判決（懲役18年）を破棄し、審理を地裁に差し戻した。「公判前整理手続き」で、検察側と弁護側が同意した証拠の採用が却下されているなど、立証に不可欠な証拠が取り調べられていないと指摘。「審理が尽くされておらず違法」と一審の審理を批判した。

【組員2人を殺傷／「審理尽くす必要」減刑認めた一審判決破棄】（2008年10月2日、広島高裁判決）暴力団組員2人を殺傷したとして、殺人と傷害の罪に問われた無職の男の控訴審で、一審の山口地裁判決（懲役4年）を破棄し、審理を地裁に差し戻した。一審判決は、殺人罪について過剰防衛を認めて減刑し、傷害罪は正当防衛を認めて無罪とした（求刑・懲役12年）が、目撃証人の調書が証拠採用されていないことなどから、「事実誤認がある」「さらに審理を尽くす必要がある」と判断した。

【殺意を認めて殺人未遂罪適用／傷害罪適用を破棄】（2008年10月30日、広島高裁判決）路上でトラブルになり、乗用車から降りて前をふさいだ男性をトラックでひき殺そうとして重傷を負わせたとして、殺人未遂罪に問われた元トラック運転手の控訴審で、殺意を認めず傷害罪を適用した一審の山口地裁判決（懲役5年）を破棄し、殺人未遂罪を適用して懲役6年を言い渡した。未必の故意が認められるとした。

【健康保険証詐取／市議の控訴棄却】（2008年11月6日、広島高裁判決）会社勤務を装って健康保険証を詐取し、医療費約220万円の負担を免れたとして、詐欺罪に問われた広島県江田島市議の控訴審で、一審の広島地裁判決（懲役2年、執行猶予3年）を支持し、控訴を棄却した。弁護側は無罪を主張したが、詐欺の故意が認められると判断した。

【妻子殺害の被告を減刑／一家心中を認め嘱託殺人罪適用】（2008年11月18日、広島高裁判決）自宅で妻と小学3年生の長男を絞殺したとして、殺人の罪に問われた材木会社の元社長の控訴審で、一審の広島地裁判決（懲役19年）を破棄し、懲役14年を言い渡した。借金返済を苦に一家心中を図ったと認め、承諾を得て妻を殺害したとして、妻については嘱託殺人罪を適用した。

【障害のある兄弟を絞殺／実刑を破棄し母親に執行猶予】（２００８年11月25日、広島高裁判決）障害のある3歳と5歳の息子の首を絞めて殺害したとして、殺人の罪に問われた母親の控訴審で、一審の広島地裁判決（懲役6年）を破棄し、懲役3年、執行猶予5年（求刑・懲役12年）を言い渡した。心神耗弱を認めた一審の事実認定を支持した上で、育児の大変さについて「同情を禁じ得ない」として減刑した。

【復旧工事で土砂購入詐欺／広島市職員に逆転有罪】（２００８年11月27日、広島高裁判決）広島市発注の土砂災害復旧工事で受注業者と共謀し、無料で入手した土砂を購入したように装って、購入費約５３０万円などの工事代金を市に請求し詐取したとして、詐欺罪に問われた広島市安佐南区の元部長の控訴審で、無罪とした一審の広島地裁判決を破棄し、懲役1年6月、執行猶予3年（求刑・懲役1年6月）を言い渡した。

【広島女児殺害事件／「審理を尽くしていない」無期懲役を破棄して差し戻し】（２００８年12月9日、広島高裁判決）小学1年生だった木下あいりちゃんが殺害された事件で、殺人や強制わいせつ致死、死体遺棄などの罪に問われたペルー国籍のホセ・マヌエル・トレス・ヤギ被告の控訴審で、無期懲役とした一審の広島地裁判決を破棄し、審理を地裁に差し戻した。検察側は死刑を求刑、弁護側は責任能力を争って無罪を主張していた。

楢崎裁判長は、「一審の事実認定は疑問がある。審理を尽くしておらず訴訟手続きは違法」などと述べ、被告人の供述調書の全部を証拠採用しなかった一審の訴訟指揮の不可解さや、検察側の訴訟活動の不手際などを厳しく批判。裁判を迅速に進めるため争点を事前に絞り込む「公判前整理手続き」が、争点を明らかにしないまま終結したのは目的に反するとし、審理の不十分さを指摘した。

【コンビニ強盗致傷事件／二審は実刑】（２００９年3月19日、広島高裁判決）コンビニに押し入り男性経営者に包丁を突き付けて指に軽傷を負わせたとして、強盗致傷などの罪に問われた山口県岩国市の元職員の控訴審で、一審の広島地裁判決（懲役3年、保護観察付きで執行猶予5年）を破棄し、懲役3年を言い渡した。

【放火事件の被告側控訴を棄却／「一事不再理の主張は権利濫用」】（2009年4月28日、広島高裁判決）勤務先に放火して店舗兼事務所を全焼させたとして、非現住建造物等放火の罪に問われた元従業員の女の控訴審で、一審の山口地裁判決（懲役3年6月）を支持し、被告側の控訴を棄却した。

売上金着服などの不正行為が疑われていた元従業員の女は、放火した日に無人の事務所に侵入して現金などを盗んだとして、建造物侵入と窃盗の罪に問われ、一審で有罪（懲役1年2月、執行猶予3年）が確定している。弁護側は、「窃盗の後にあったとされる放火事件は、建造物侵入や窃盗と公訴事実の同一性が認められ、確定判決の一事不再理の効力が及んでいる」として、判決で免訴（裁判の手続きを打ち切ること）を言い渡すべきだと主張していた。

これに対して楢崎裁判長は、「窃盗事件と放火事件はもともと弁論が併合されていたにもかかわらず、弁護人の請求で分離し別々に審理された」と指摘。「弁護人が一事不再理の効力を主張して免訴を求めるのは、権利の濫用というほかない」として訴えを退けた。

【殺人罪の元組員の控訴棄却／元妻は幇助罪を適用して減刑】（2009年4月30日、広島高裁判決）振り込め詐欺グループ内のトラブルから仲間の1人を殺したとして、殺人などの罪に問われた元暴力団組員の男と元妻の控訴審で、元組員については一審の広島地裁判決（懲役16年）を支持して控訴を棄却し、元妻については一審判決（懲役8年）を破棄して、懲役6年を言い渡した。「共同正犯ではなく従犯にとどまる」と認定し、元妻には殺人幇助罪を適用した。

【傷害致死事件で逆転無罪／正当防衛の成立を認める】（2009年6月25日、広島高裁判決）実家の近くに住む知人男性と口論になり、鎌で切りつけた男性の顔を殴って死亡させたなどとして、傷害致死と傷害の罪に問われた自営業者の控訴審で、一審の広島地裁判決（懲役4年）を破棄し、傷害致死罪について正当防衛の成立を認めて無罪とした。死亡した男性の知人女性を殴ってけがをさせた傷害罪については、一審判決の通り、懲役8月、執行猶予3年を言い渡した。

【母子3人殺害事件で無罪支持／「自白は信用できない」と指摘】（2009年12月14日、広島高裁判決）保険金目的に母親を殺害して住宅に放火し、寝ていた自分の娘2人を焼死させたなどとして、殺人や現住建造物等放火、詐欺などの罪に問われた元会社員の男性（求刑・死刑）の控訴審で、無罪とした一審の広島地裁判決を支持して検察側の控訴を棄却した。

「（唯一の証拠である）自白は信用できない」「検察の主張は証拠に基づいておらず破綻している」などと指摘した。死刑が求刑された事件で、一審と二審で無罪となったのは1978年以降はこれが3例目。

◉高裁のチェック機能を果たす

こうして、これまでに楢崎裁判長が担当した事件の判決や決定を見ると、ていねいに証拠を吟味して事実認定し、どの法律が適用されるべきかしっかり判断しようとする一貫した姿勢が理解できる。控訴審では一審判決を細かく検証し、高裁のチェック機能を果たそうとしていることもよく分かる。

広島高裁でいくつもの事件が、「審理を尽くしていない」と地裁に差し戻されているのは、事実認定があいまいだったり、証拠調べが不十分だったりするからだ。十分な審理がされていない判決には納得できない、という楢崎裁判長の考えが明確に現れている。

無期懲役とした一審判決を破棄した「広島女児殺害事件」では、「審理を尽くしていない」として地裁に差し戻した。「地裁で死刑を言い渡すのを想定した判決」といった書き込みがインターネット上にあふれたが、必ずしもそうとばかりは言えないだろう。

一審は裁判員裁判に向けたモデルケースとして、争点や証拠を事前に絞り込んで迅速な裁判を目指す公判前整理手続きを採用し、証拠調べを5日間で終わらせる集中審理も導入した。しかし広島高裁の楢崎裁判長は、供述調書の任意性や犯行場所の特定など、争点をはっきりさせないまま公判前整理手続きを終えたことを批判して、「一審は審理を尽くしておらず訴訟手続きは違法」と断じた。

迅速な裁判を進めることを優先して、必要な審理を尽くさず、このような拙速で粗雑な証拠調べでいいのか。そんな強い問題意識から示されたダメ出しの判断と考えるのが妥当だと思われる。裁判員裁判を見据えて迅速な審理を推進する最高裁に、真っ向から異議を唱えた判決とも言える。

これに対して最高裁第二小法廷は、「審理が不十分で違法」とした高裁判決を破棄し、「一審の訴訟手続きに問題はなかった」と判断して高裁に審理を差し戻した。証拠を厳選し迅速に審理を終わらせるという最高裁の強い意思を、改めて示す格好になった。

◉差し戻し控訴審に最高裁から圧力？

楢崎裁判長の刑事裁判に対する姿勢を見てくると、「光市母子殺害事件」の差し戻し控訴審で元少年に死刑を言い渡した判決は、どうしても唐突な感じで違和感を覚える。

差し戻し控訴審弁護団・主任弁護人の安田好弘弁護士は、「強権的でなく法律に従って進めていた」と楢崎裁判長の訴訟指揮は評価しながらも、判決については「事実や証拠に基づいて事実認定していない。被告人側の法医鑑定は全く無視し、検察側に全面的に依拠している」と厳しい。

ただ、「判決文を読んでいくと、書き始めの論調が途中でひっくり返っていて、違う結論になっているのが気になるんですね」と、どうにも腑に落ちない様子で言葉を詰まらせた。「証拠に基づかずに結論に合わせて書いたみたいになっている」という。

最高裁から相当な圧力があったのではないか、と安田弁護士は推測する。

まず、異例の人事異動があった。光市事件が結審する直前の２００７年11月に、東京地裁所長だった白木勇氏が広島高裁長官として異動してくる。死刑判決が出ると白木氏は東京高裁長官に栄転し、２０１０年１月に最高裁判事となった。「光市シフトみたいなものができたのではないか」と指摘する。

楢崎裁判長は、差し戻し控訴審で鑑定人を調べているが、最高裁はそうした訴訟指揮が気に入らなかったようだ。最高裁の堀籠幸男裁判官は巡察後の懇親会の席で、「どうして証拠調べなんかしているんだ。なぜさっさと片付けないのか」と広島高裁の光市事件審理に対して不満をあらわにしたという。

死刑判決後、左右の陪席裁判官は栄転したが、楢崎裁判長は1年半近く広島高裁に残った。

「楢崎裁判長は、弁護側の主張もよく理解して積極的に質問もしていた。それだけにどうしてこんな結論になるのか。死刑判決の起案は陪席裁判官で、もしかすると楢崎裁判長は少数意見だったのかもしれない」

合議は秘密にされているので、もちろん推測の域を出ないが、地裁や高裁でも裁判官の意見が分かれた場合は、最高裁判決のように合議の中身を明らかにしてもいいのではないか。

大変な重圧があったことは間違いないだろうが、楢崎裁判長は広島高裁で刑事裁判の基本に忠実な審理を尽くし、十分に存在感を示した。

池《いけ》本《もと》壽《す》美《み》子《こ》

さいたま地家裁熊谷支部長

「足利」再審請求を棄却、付審判決定や無罪も

◉足利事件の再審請求棄却に非難轟々

さいたま地裁熊谷支部長の池本壽美子裁判長は、宇都宮地裁の裁判長だった2008年2月13日、「足利事件」の菅家利和さんの再審請求を棄却したことで知られる。

捜査に導入されたばかりの初期のDNA型鑑定と虚偽の自白を根拠に、無期懲役が確定した菅家さんは、その後のDNA型再鑑定の結果、刑の執行が停止されて釈放。2010年3月26日に宇都宮地裁で再審無罪の判決が言い渡されて、無罪が確定したことは今さら説明するまでもないだろう。

裁判所はどうして速やかにDNA型再鑑定をしないのかと、厳しく批判する声は多い。科学技術の発展で、DNA型鑑定の精度は事件発生のころと比べて飛躍的に向上しているだけに、職権で再鑑定すべきだった。裁判所の消極的姿勢への不信のまなざしはなくならない。

とりわけ、再審請求を棄却した池本裁判長に対する風当たりは強い。非難轟々と言っていい。「女児の下着に付着していた体液と菅家さんの毛髪のDNA型は一致しない」とする弁護側の鑑定結果について、「毛

髪が菅家さんのものであるとの裏付けがない」と門前払いにしたからだ。

◉ていねいで熱心な審理に高い評価

しかしその一方で、「裁判官の中で池本さんはいい方だと思う」という声も少なからず聞こえてくる。刑事弁護に熱心に取り組んでいる弁護士の一人は、「ていねいな審理をして、弁護人の主張にも熱心に耳を傾けてくれる裁判官だ」と評価する。「足利事件」の再審請求を棄却したことを考えると意外に思われるかもしれないが、池本裁判長に対する評判は必ずしも悪いものばかりではない。

退官してから5年以上になる元裁判官の弁護士は、「東京高裁の原田國男裁判長のところにいたんだよなあ。原田コートは弁護士の話をちゃんと聞いてくれる唯一の部だった。あそこで育てられたんだからいい裁判官だと思うけどな」と話す。

多くの弁護士から高く評価され、無罪判決を数多く言い渡した東京高裁刑事9部の原田國男裁判長（本書34頁参照）は、2010年2月に定年退官。現在は弁護士登録し、慶應義塾大学法科大学院で客員教授を務める。池本裁判官は宇都宮地裁に赴任する直前の3年間を、この原田裁判長の法廷で過ごした。

捜査機関のストーリーや自白調書を鵜呑みにせず、被告人や弁護人の声をしっかり聞いて、合議では自由闊達に議論することの大切さを学んで、自らも実践したはずだ。

実際に、池本裁判長は自分自身の法廷でも無罪判決をいくつも言い渡している（後述の判例を参照）。

それゆえに、「足利事件」の再審請求棄却には、「どうして彼女が」「びっくりした」と驚きや戸惑いの声が上がった。いつもの審理に対する姿勢と比べて、あの棄却決定だけは腑に落ちないというのだ。

◉原田國男裁判長の法廷で左陪席

池本壽美子氏は、山口県出身の63歳。京都大学で法律を学び、1975年に25歳で司法試験に合格した(31期)。

司法修習生として横浜で実務修習後、裁判官に任官。1979年4月に東京地家裁八王子支部に判事補として着任し、裁判官生活をスタートさせた。

任官3年後の1982年4月には、横浜地家裁川崎支部の判事補となり、その後、1985年4月に千葉地裁の判事補、1988年4月に横浜家地裁小田原支部の判事補と異動を重ねて、翌年の1989年4月に横浜家地裁小田原支部で判事に就任した。

1992年4月には東京法務局訟務部付となるが、1995年4月に広島地家裁の判事に異動し、4年後の1999年4月に横浜地家裁相模原支部の判事。2003年4月から3年間は東京高裁で判事を務めた。

２００６年４月に宇都宮地家裁の部総括判事（裁判長裁判官）に着任。２０１０年４月に東京地家裁立川支部の部総括判事。２０１２年10月から、さいたま地家裁熊谷支部長を務めている。

横浜で実務修習したことが影響しているのか、横浜地裁管内の支部（川崎、小田原、相模原）での勤務が長いのが目立つ。東京法務局訟務部に3年間、広島地裁に4年間いたが、それ以外は一貫して首都圏周辺に赴任している。主に地裁の支部で、実務経験を積み重ねてきたベテラン裁判官であることは間違いない。しかし、いわゆる「司法行政」を左右するようなエリート官僚裁判官ではないようだ。

ある弁護士は、「池本さんは能力のある裁判官だ。女性で能力のある人の場合は、東京周辺に置くことが多い。当局の覚えがめでたければ、どこかの所長に出てもおかしくないんだけど」と解説する。

池本氏の経歴の中で見落とせないのは、やはり東京高裁での判事経験だろう。刑事9部の原田國男裁判長の法廷（原田コート）で、池本氏は左陪席（主任）を務めた。「緻密で理論派」と高く評価された原田裁判長の影響を強く受けているはずだ、と推測する法曹関係者は少なくない。

◉違法捜査による証拠能力を否定

それでは池本裁判長は、これまでにどういった事件を担当し、どのような判決を言い渡してきたのだろうか。主な判断事例をざっと見てみよう。

◇　◇　◇

【強盗殺人の2人に無期懲役と懲役30年】（２００６年７月24日、宇都宮地裁判決）貸金業者の男性を絞殺して現金を奪い、遺体を貯水槽に捨てたとして、強盗殺人や死体遺棄などの罪に問われた男２人に対し、無期懲役と懲役30年（求刑・いずれも無期懲役）をそれぞれ言い渡した。

【覚せい罪事件の男性に無罪判決／違法捜査による証拠能力を否定】（２００６年８月３日、宇都宮地裁判決＝単独）尿の簡易鑑定で覚せい剤反応が出たとして、覚せい剤取締法違反（使用）の罪に問われた男性に対し、無罪（求刑・懲役２年）を言い渡した。激しく抵抗する男性を引きずって警察車両に乗せた行為は、任意同行の範囲を超えた違法な身柄拘束だとして、鑑定書の証拠能力を否定。令状主義の精神を無視した違法捜査を批判した。

【元組長殺害ほか強盗など／元組員に無期懲役】（２００６年８月８日、宇都宮地裁判決）元住吉会系暴力団組員と共謀し、拳銃で同会系の別の暴力団元組長を殺害して遺体を山林に埋めたほか、強盗致傷事件５件や強盗事件９件などの犯行を重ねたとして、殺人や強盗致傷などの罪に問われた元組員に対し、求刑通り無期懲役を言い渡した。

【無罪男性に695万円を刑事補償／覚せい剤違法捜査】（２００６年10月３日、宇都宮地裁決定＝単独）覚せい剤取締法違反の罪に問われ、違法捜査があったとして無罪判決を受けた男性の刑事補償請求に対し、請求通り６９５万円の補償を決定した。宇都宮地検は控訴を断念。男性の無罪が確定した。

【実弟殺害依頼に死刑判決／殺人罪で無期懲役の仮釈放中】（２００７年１月23日、宇都宮地裁判決）遺産を得るため、貸家業を営む実弟の殺害を知人の男に依頼し刺殺させたとして、殺人などの罪に問われた男に対し、求刑通り死刑を言い渡した。被告人は殺人罪で無期懲役判決を受けて服役し、仮釈放後２年で殺人事件を起こしたことから、矯正の可能性はないと判断した。

【5億円強奪の元組員に懲役18年／主犯格と認定】（２００７年３月22日、宇都宮地裁判決）中国人らと共謀

して運送会社から5億4250万円を強奪した事件の主犯格として、強盗などの罪に問われた元暴力団組員の男に対し、懲役18年、罰金300万円（求刑・懲役20年、罰金300万円）を言い渡した。共犯者の供述だけだとして被告人は無罪を主張していたが、関係者の証言は具体的で高い信用性があるとして、主犯格と認定した。

【自宅放火の男性に無罪判決／物的証拠ない】（2007年3月27日、宇都宮地裁判決）石油ストーブに毛布をかけて木造平屋の自宅を全焼させたとして、現住建造物等放火の罪に問われた男性に対し、無罪（求刑・懲役6年）を言い渡した。「ストーブに毛布の残留物が残っていないなど物的証拠はなく放火の証明がない」「出火場所がはっきりしない」「自白の信用性に疑いが残る」などと判断した。

【元市議に執行猶予／速度違反で身代わり出頭させる】（2007年7月11日、宇都宮地裁判決＝単独）免停中に速度違反取り締まり装置に検知され、知人男性を身代わりに出頭させたとして、犯人隠避教唆や道交法違反（無免許運転、速度超過）の罪に問われた元栃木県さくら市議に対し、懲役1年、執行猶予4年（求刑・懲役1年6月）を言い渡した。

【あおり行為認める／危険運転致死傷に懲役9年】（2007年9月18日、宇都宮地裁判決）初心者マークを付けた軽乗用車にクラクションを鳴らし、パッシングや蛇行運転を繰り返して追跡しながら時速100キロで接近してハンドル操作を誤らせ、ガードレールに衝突横転させて助手席の女性を死亡させたほか、後部座席の父親に重傷を負わせて逃走したとして、危険運転致死傷や道交法違反（無免許運転・ひき逃げ）の罪に問われた男に対し、あおり行為を認めて懲役9年（求刑・懲役10年）を言い渡した。弁護側は危険運転致死傷罪について無罪を主張していた。

【父親殺害の長男に懲役8年】（2007年11月13日、宇都宮地裁判決）父親の背中や胸をナイフと包丁で刺して失血死させたとして、殺人罪に問われた元大学生の長男に対し、懲役8年（求刑・懲役15年）を言い渡した。仕事せず暴言を吐く父親に追い詰められた経緯に同情の余地があると判断、大学や地元住民から減刑嘆願が寄せられていることから情状を認めた。

【強盗殺人未遂の男に懲役22年】（2007年11月15日、宇都宮地裁判決）宇都宮大学の男性助手宅に侵入し、帰宅した男性の腹や胸を包丁で刺して重傷を負わせ乗用車などを奪ったとして、強盗殺人未遂や窃盗などの罪に問われた男に対し、懲役22年（求刑・懲役25年）を言い渡した。

【集団強姦の主犯格に懲役12年】（2007年12月3日、宇都宮地裁判決）友人ら男6人と共謀し、18歳の少女に集合住宅の空き室で性的行為や乱暴をしたとして、集団強姦致傷などの罪に問われた主犯格の男に対し、合意があったとする無罪主張を退け、懲役12年（求刑・懲役15年）を言い渡した。

【集団密航させたインド人に懲役6年】（2007年12月20日、宇都宮地裁判決）国際便乗り継ぎの寄港地上陸許可の制度を悪用し、虚偽の外国人出入国記録カードを提出させて、集団密航者から報酬を得たとして、出入国管理法違反（営利目的の集団密航助長）などの罪に問われたインド国籍のブローカーに対し、懲役6年、罰金350万円（求刑・懲役8年、罰金350万円）を言い渡した。

【保険金殺人／共同正犯と認め懲役17年】（2008年1月17日、宇都宮地裁判決）自動車修理販売会社社長（殺人容疑で勾留中の警察署内で自殺）ら4人と共謀し、保険金目的で社長の妻の首をひもで締めて窒息死させ、首つり自殺を偽装した事件で、殺人などの罪に問われた従業員の男に対し、懲役17年（求刑・懲役20年）を言い渡した。殺人幇助にとどまるとの弁護側の主張を退け、共同正犯と認定した。

【足利事件／菅家さんの再審請求を棄却】（２００８年２月13日、宇都宮地裁決定）栃木県足利市で4歳の女児が誘拐され殺害された「足利事件」で、無期懲役が確定し服役中だった菅家利和さんの再審請求に対し、棄却する決定をした。

「女児の下着に付着していた体液と菅家さんの毛髪のＤＮＡ型が一致しない可能性がある」とする弁護側独自の鑑定結果について、「毛髪が菅家さんのものであるとの裏付けがない」「証拠価値は乏しい」などと弁護側の新証拠を退けた。「遺体の状況と自白は矛盾しており自白は虚偽である」とする主張についても、「弁護側の推論は法医学上、合理的根拠を伴うものではない」として再審請求を門前払いにした。

【児童の列に突っ込みナタ／責任能力認め懲役7年6月】（２００８年３月27日、宇都宮地裁判決）登校中の児童の列に車で突っ込み、通行人にナタで切りつけてけがを負わせたとして、傷害と銃刀法違反の罪に問われた無職の男に対し、懲役７年６月（求刑・懲役10年）を言い渡した。妄想性障害だったが是非善悪は区別できたとして、責任能力を認めた。

【顧客殺害の元社員に懲役17年】（２００８年５月19日、宇都宮地裁判決）先物取引をめぐって金銭トラブルとなった保険代理業の顧客女性の首を絞めて殺害し、遺体を山林に捨てたとして、殺人と死体遺棄の罪に問われた先物取引会社の元社員に対し、懲役17年（求刑・懲役20年）を言い渡した。

【人気車窃盗に懲役2年8月／暴行の共謀は認めず】（２００８年７月29日、宇都宮地裁判決）共犯者の男と人気スポーツカーを盗み、車の所有者を殴ってけがをさせたとして、強盗致傷や窃盗などの罪に問われた土木作業員の男に対し、懲役２年８月（求刑・懲役８年）を言い渡した。暴行の共謀には疑いが残るとして、強盗致傷罪は成立しないと判断した。

【求刑を1年上回る懲役17年／別居中の妻刺殺】（2008年12月9日、宇都宮地裁判決）別居中の妻の実家に侵入し、持参した包丁で妻の背中や首を30回以上刺して殺害したとして、殺人や住居侵入などの罪に問われたクレーン運転手の夫に対し、「求刑は軽過ぎると言わざるを得ない」と述べて求刑を上回る懲役17年（求刑・懲役16年）を言い渡した。状況に応じて的確に攻撃していると判断し、完全責任能力があったと認めた。

【3人死傷の運転手に無罪判決／路肩駐車中のトラックに衝突】（2008年12月9日、宇都宮地裁判決）東北自動車道で大型トラックを運転中に、路肩から走行車線にはみ出して止まっていたトラックに衝突し、押し出されたトラックが前に停車中の乗用車にぶつかった事故で、乗用車の男性ら3人を死傷させたとして、業務上過失致死傷の罪に問われた男性会社員に対し、過失があったとは言えないと判断して無罪（求刑・禁固1年6月）を言い渡した。検察側の実況見分などの証拠について、「前方注視義務を果たしていれば事故を回避できたと証明されていない」とした。

【発砲巡査の付審判請求を認める／職質で中国人死亡】（2009年4月27日、宇都宮地裁決定）駐在所の男性巡査が、職務質問に抵抗した中国人男性に発砲して死亡させた事件で、「過剰防衛行為だ」とする遺族側の付審判請求を認め、巡査を特別公務員暴行陵虐致死罪で審判に付す決定をした。宇都宮地検は正当防衛が成立するとして、巡査を不起訴としたが、これを不服とする遺族側が付審判請求していた。

遺族側が栃木県を相手に損害賠償を求めた訴訟では、宇都宮地裁民事部が付審判の決定4日前に請求を棄却。遺族側が控訴した。

【女性8人連続強盗強姦／男2人に懲役28年と27年】（2009年6月4日、宇都宮地裁判決）テレクラやインターネットで知り合った女性8人を車内や路上で乱暴し、現金や携帯電話を奪ったとして、強盗強姦や強盗致傷などの罪に問われた男2人に対し、懲役28年（求刑・懲役30年）と懲役27年（求刑・懲役28年）をそれぞれ言い渡した。

【強盗殺人の首謀者に無期懲役】（2009年8月20日、宇都宮地裁判決）自社の従業員らと共謀し、韓国籍の貸金業者の男性の頭をハンマーなどで殴って殺害後、現金やキャッシュカードを奪って遺体を捨てたとして、強盗殺人や死体遺棄などの罪に問われた造園会社社長に対し、求刑通り無期懲役を言い渡した。計画の立案、準備、実行のすべてを指揮した首謀者と認定した。

【強盗殺人で共謀の男に無期懲役】（2009年9月14日、宇都宮地裁判決）知人の造園会社社長らと共謀し、韓国籍の貸金業者の男性の頭をハンマーなどで殴って殺害後、現金やキャッシュカードを奪って遺体を捨てたとして、強盗殺人や死体遺棄などの罪に問われた男に対し、求刑通り無期懲役を言い渡した。計画の立案、準備、実行のすべてにおいて主導的役割を果たしたと認定した。

【危険運転致死の男に懲役7年】（2009年9月14日、宇都宮地裁判決）飲酒運転で居眠りして乗用車と衝突し、男性を死亡させたとして、危険運転致死などの罪に問われた男に対し、懲役7年（求刑・懲役8年）を言い渡した。

【強盗殺人で共謀の男に懲役30年】（2009年9月28日、宇都宮地裁判決）勤務先の造園会社社長らと共謀し、韓国籍の貸金業者の男性の頭をハンマーなどで殴って殺害後、現金やキャッシュカードを奪って遺体を捨てたとして、強盗殺人や死体遺棄などの罪に問われた男に対し、懲役30年（求刑・無期懲役）を言い渡した。

【殺人未遂や強制わいせつの男に懲役16年】（2009年10月29日、宇都宮地裁判決）侵入した民家の男性をナイフで刺してけがを負わせたほか、路上で少女4人をナイフで脅してわいせつ行為をしたとして、殺人未遂、強盗、強制わいせつなどの罪に問われた男に対し、懲役16年（求刑・懲役18年）を言い渡した。

【知人殺害の中国人に懲役18年／裁判員裁判】（2009年12月4日、宇都宮地裁判決）知人の中国人男性とけんかとなり、腹や胸などを包丁で刺して殺害し遺体を捨てたとして、殺人と死体遺棄の罪に問われた中国籍整体師の男の裁判員裁判で、懲役18年（求刑・懲役20年）を言い渡した。

【女性5人性的暴行に懲役20年】（2010年2月2日、宇都宮地裁判決）帰宅直後の女性宅に押し入り計5人の女性に性的暴行をして金を奪ったなどとして、強盗強姦や強姦致傷などの罪に問われた男に対し、懲役20年（求刑・懲役25年）を言い渡した。

【公選法違反の元町議に執行猶予】（2010年2月16日、宇都宮地裁判決）町議選の告示前に有権者計69人に調味料セットを配り、投票などを依頼したとして、公職選挙法違反（事前運動、物品供与）の罪に問われた元栃木県岩舟町議に対し、懲役10月、執行猶予5年（求刑・懲役10月）を言い渡した。

【女性3人性的暴行に懲役11年／裁判員裁判】（2010年5月28日、東京地裁立川支部判決）帰宅途中の女性の顔を殴って強姦するなど、女性3人に性的暴行をしたとして、強姦致傷や強制わいせつ致傷などの罪に問われた男の裁判員裁判で、懲役11年（求刑・懲役13年）を言い渡した。

【ナイジェリア人に無罪判決／大麻譲渡事件】（2010年10月27日、東京地裁立川支部判決＝単独）知人の日本人の男に大麻約50グラムを10万円で売ったとして、大麻取締法違反（営利目的譲渡）の罪に問われたナイジェリア国籍の男性に対し、無罪（求刑・懲役3年、罰金30万円）を言い渡した。大麻所持で逮捕され、検察側証人として出廷した知人が「日本人の売人から大麻を買った」と証言し、捜査段階での供述を翻したことを重視。被告人は一貫して否認していた。

【逮捕監禁致死の男に懲役9年6月／裁判員裁判】（2010年12月7日、東京地裁立川支部判決）仲間13人と共謀し、敵対グループの男性を金属バットで殴って車に監禁するなどして死亡させたとして、逮捕監禁致死罪などに問われた男の裁判員裁判で、懲役9年6月（求刑・懲役12年）を言い渡した。中心的な役割を果たしたと判断した。

【放火し殺人未遂の男に懲役8年／多動性行為障害の影響認める／裁判員裁判】（2011年2月18日、東京地裁立川支部判決）公民館に灯油をまいて火をつけ全焼させ、公園で寝ていたホームレスの男性の頭を金づちで殴ってけがを負わせたとして、非現住建造物等放火や殺人未遂の罪に問われた無職の男の裁判員裁判で、懲役8年（求刑・懲役12年）を言い渡した。被告人の多動性行為障害の影響について、障害は刑を相当程度下げると判断した。

【覚せい剤密造のイラン人に懲役6年／裁判員裁判】（2011年5月17日、東京地裁立川支部判決）イラン国籍の男と共謀し、市販鼻炎薬を原料に使って覚せい剤を密造したとして、覚せい剤取締法違反（営利目的製造）の罪に問われた同国籍の男の裁判員裁判で、求刑通り懲役6年、罰金100万円を言い渡した。

【ホームレス連続襲撃3人殺傷／自閉性障害で殺意認めず、懲役12年】（2011年5月30日、東京地裁立川支部判決）ホームレスの男性を連続して襲撃し、鉄パイプで何度も殴って1人を殺害、2人にけがを負わせたとして、殺人と殺人未遂の罪に問われた元店員の男に対し、懲役12年（求刑・無期懲役）を言い渡した。自閉性障害による心神耗弱状態だったとして殺意や責任能力を認めず、傷害致死罪と傷害罪を適用した。

【長女殺害の母親に執行猶予／裁判員裁判】（2011年6月10日、東京地裁立川支部判決）アスペルガー障害がある5歳の長女の首を絞めて殺害したとして、殺人罪に問われた母親の裁判員裁判で、懲役3年、保護観察付き執行猶予5年（求刑・懲役5年）を言い渡した。心神耗弱状態にあったと判断した。

【強盗致傷の男に懲役8年／裁判員裁判】（2011年6月20日、東京地裁立川支部判決）仲間4人と牛丼店や民家に侵入して現金などを奪い、女性にけがを負わせたとして、強盗致傷罪などに問われた男の裁判員裁判で、懲役8年（求刑・懲役10年）を言い渡した。暴行については、共犯者の証言が曖昧などとして認めなかった。

【強制わいせつ致傷の男に懲役6年／裁判員裁判】（2011年9月16日、東京地裁立川支部判決）帰宅途中の女性の体に触って、けがを負わせてバッグを奪ったなどとして、強制わいせつ致傷と強盗の罪に問われた男の裁判員裁判で、懲役6年（求刑・懲役7年）を言い渡した。

【乳児の保険金着服に懲役4年6月／未成年後見人を悪用】（2013年3月26日、さいたま地裁熊谷支部判決）交通事故で死亡した妹の生後5カ月の男児の未成年後見人に選任後、立場を悪用して男児に支払われた保険金約6800万円を引き出し着服し、男児を熊本市の慈恵病院の「赤ちゃんポスト」に預けたとして、業務上横領の罪に問われた男に対し、懲役4年6月（求刑・懲役5年）を言い渡した。

◉無罪判決に弁護士は元気をもらった

こうして池本裁判長のこれまでの判断を見てみると、無罪判決をいくつも言い渡しているだけでなく、被告人や検察官に正面から向き合っている様子がうかがえる。違法捜査による証拠能力については敢然と否定し、自白の信用性に疑いを投げかける。証拠を吟味した上で、犯罪の証明がなされているか、適用すべき法律はどれかといったことも慎重に検討していることが伝わってくる。

基本的なスタンスとして、「疑わしきは被告人の利益に」という刑事裁判の原則を重視する姿勢が根付いているからだろう。

「池本さんに悪い印象は持っていません。割と大らかなところがあるし、法廷の中で厳しい言い方もするが、筋をとらえている人ですね」

宇都宮市内の弁護士の一人は、宇都宮地裁で池本裁判長がいくつか無罪判決を書いたことで、元気と希望をもらったと話す。

「中でも若い弁護士が元気をもらった。やれば認められるんだってね。池本さんの法廷ができてからは、被告人の立場で主張してもきちんと聞いてくれるんです」

それまでは無力感があった。ずっと無罪判決が出ないことで閉塞感があったという。

「これまでの裁判官は予断と偏見で、弁護人の言い分など聞いてくれないことが多かった。池本さんは結構真剣に聞いていると感じるんですよ。判決を読むとよく見ていることが分かります」

しかし、「足利事件」の再審請求棄却については、「菅家さんは気の毒ですが、再審の狭き扉をこじ開けるのは難しかったのでしょうか。ＤＮＡ型鑑定判断の権威と法的安定性が崩れるのを恐れたのか、最高裁判断の従来の枠組みから逃れることができなかったのか」と困惑を隠せない。

地元でも、池本裁判長を激しく批判する弁護士や関係者はいる。「でもあの棄却決定だけで池本さんを評価するのは、気の毒だと思うのですが」

◉池本さんは大事な判断ができなかった

「足利事件」の控訴審から菅家さんの主任弁護人を務めた佐藤博史弁護士は、「宇都宮が最初の裁判長任地だったから緊張していたのかもしれないが、一番大事な決断ができなかった」と池本裁判長を厳しく批判する。

菅家さんの再審請求を最初に担当した飯渕進裁判長は、判断を示さないまま異動し、池本裁判長が引き継いだ。池本裁判長は、自白と遺体状況が矛盾するとして弁護団が出した鑑定書に注目し、法医学者の尋問を決めた。証言を熱心に聞くなど、池本裁判長の対応はていねいだったという。

ところが、まさかの再審請求棄却だった。髪の毛を使った弁護団のＤＮＡ型鑑定結果について、「菅家さんの毛髪とする裏付けがない」と判断したのだ。「そんなことを言うならなぜ再鑑定させないんだ。裁判官が鑑定するのではなく、鑑定命令を出すだけなのに。愚かな判断だ」と佐藤弁護士は怒る。

最高裁調査官として「足利事件」を担当した後藤真理子裁判官は２００５年に、同事件の最高裁決定について、「ＤＮＡ型鑑定は、その初期において、『究極の鑑定』として決定的な証拠であるかのような誤解を与えていた可能性がある」「しかし、その鑑定には問題点を内在するものも少なくなく、その証明力にはおのずと制約があった」と解説を書いている。

「これはＤＮＡ型の再鑑定を積極的に行うべきだと明確に述べたメッセージだ。鑑定をもう一度見直せということだ」。佐藤弁護士は池本裁判長に繰り返し伝えたという。

それでも池本裁判長は再鑑定を命じなかった。「ＤＮＡ型鑑定をした科警研の権威に疑問を示すだけの勇気がなかったのかもしれないが、裁判官としての判断力が決定的に欠けている」と佐藤弁護士は指摘する。

再審請求棄却決定から10カ月後、東京高裁の抗告審で再鑑定が決定された。

「池本さんの愚かな決定がマスコミに火をつけ、再鑑定に注目が集まるようになった。疑問があれば再鑑定するという突破口になった。池本さんのおかげだが、こんなことで名前を残しちゃダメだ」

菅家さんの再審判決公判で無罪を言い渡したのは、宇都宮地裁の佐藤正信裁判長だった。判決理由朗読の最後に、佐藤裁判長ら3人の裁判官は一斉に立ち上がり、菅家さんに深々と頭を下げて謝罪した。

一方、菅家さんの無実の訴えに耳を貸さなかった裁判官は、だれ一人として菅家さんに謝罪していない。再審無罪判決が言い渡された時、池本裁判長はまだ宇都宮地裁にいた。それまでも佐藤弁護士は面会を申し入れていたが、池本裁判長は応じなかったという。

「裁判官としてどう思っているのか。せっかく機会をつくってあげたのに、なぜ謝らないのか。過ちがあったらただちに認めることで信頼されるはずで、彼女にとっても不幸なことです」と佐藤弁護士は残念がる。

「一人一人の裁判官がやるべきことをやっていれば冤罪は防げた。池本さん個人が悪いのではない。権威を疑い、肝心な時に判断し決断する勇気が、裁判官にとって一番大事だと思います。失われた裁判官の信頼をこれからどうやって取り戻すかですね」

多《た》和《わ》田《だ》隆《たか》史《し》

さいたま地家裁部総括判事

「裁判所前の男」に実刑、退廷命令を繰り返す

◉強権的な訴訟指揮に凍り付く傍聴席

東京地裁429号法廷は冒頭から異様な雰囲気に包まれていた。法廷の入り口の通路には鉄柵が設けられて封鎖。傍聴人は全員が警備職員によって金属探知機で全身をくまなくチェックされ、そればかりか、バッグなどの手荷物はすべて強制的に預けさせられる。裁判所の建物に入る際に、庁舎玄関のゲートで金属探知機の検査を通過しているのに、さらに厳重なボディチェックを受けなければ法廷に入れない。

法廷内にも屈強な警備職員が7人ほど待機し、傍聴席に監視の目をじっと光らせる。通常の裁判ではこんなことはない。いわゆる「警備法廷」だ。

開廷直後にいきなりけんか腰のような口調で、傍聴席に向かって口火を切ったのは東京地裁刑事10部の多和田隆史裁判長だった。

「審理を始める前にあらかじめ傍聴人に言っておきます。不規則発言をした場合や、録音録画機能のある機器を持っていることが分かった場合には、直ちに退廷を命じます」

これに対して弁護人が「コミュニケーションということもあるだろうし直ちに退廷というのは……」となだめるように異議を述べたが、それを無視して多和田裁判長は傍聴席をキッとにらみ付けて「いま発言したのはどなたですか」と声を荒げた。警備職員がすかさず「はい、この人です」と傍聴席の年配の女性を指で示すと、裁判長は「はい、直ちに退廷してください」と命じた。女性は警備員に法廷の外に連れ出されていった。

空気が凍り付いたようになった法廷に、「静かに証人の話を聞くためです」と宣言する多和田裁判長の声が響いた。

強権的な訴訟指揮は毎回繰り返された。裁判長や証人の声があまりにも小さいので、傍聴席から「聞こえません」と言ったとたん、即刻退廷させられた傍聴人もいる。「発言しないように」とか「静かにしなさい」などの注意は一切ない。くすっと笑うのも退廷命令の対象だ。

「帽子を被っている傍聴人は脱いでください」と言われて、「これはスカーフですが」と反論したら、「帽子を被ったままの傍聴は認めません。退廷を命じます」と有無を言わさず連れ出された人もいた。

◉裁判所ぐるみで事件を捏造して排除？

この法廷で審理されていたのは、「裁判所前の男」として裁判関係者らに知られている大高正二さん（72歳）を被告人にした事件の裁判だ。大高さんは、東京・霞が関にある東京高裁・地裁の合同庁舎の正門前で、ハンドマイクを片手に強烈な裁判所批判を毎日のように繰り返し、「裁判所の不正義」「不公正な裁判」を徹底的に訴えてきた。裁判所にとっては苦々しく目障りな存在であったに違いない。

その大高さんは２０１０年11月に逮捕された。容疑は公務執行妨害・傷害。逮捕の３カ月前の８月10日、

大高さんは知人に預けたカメラ機能付き携帯電話を受け取って、傍聴席でマナーモードに切り替えるところを裁判所職員に発見された。構外退去命令を受けたが従わず、職員約10人によって裁判所敷地内から強制退去させられた。その際に、第二南門を施錠しようと前かがみになった警備職員の後頭部を、門扉の外から身を乗り出して右手で2回殴って1週間のけがを負わせ職務の執行を妨害した、とされる。大高さんは2009年2月に、警備法廷の様子を撮影したとして、カメラ機能付き携帯電話の持ち込みを禁止されていた。

　大高さんは一貫して無実を主張。公判では、大高さんに殴られたという警備職員を診断した担当医師が「触診や視診で頭部にこぶはなくCTスキャンでも異常はなかった」「痛みの訴えがあったので診断書を書いた」などと証言。裁判所の防犯ビデオカメラにも「暴行」の状況の映像は映っていなかった。

　大高さんと弁護団は、「裁判所職員の主張はすべて捏造で、けがをしたのは被告人の方だ。門扉上に身を乗り出して殴打することは、門扉の高さと被告人の身長との関係で物理的にあり得ない。裁判所職員の証言は被告人に対する反感からされた虚偽供述で、裁判所が組織として被告人を犯人としてでっち上げたものだ」などと主張した。

多和田隆史裁判長は、現場検証を求める弁護人の請求を却下。傍聴人の退廷命令に抗議した大高さんを退廷させて、被告人不在のまま証人尋問を続けることもあった。

◉こんな裁判がまかり通っているなんて

異様としか言いようのない審理の結果、多和田裁判長は2012年9月、「医師が頭部のこぶを明確に認めなかったとしても、不自然、不合理なことではない」「被害者の頭部を殴打することが十分に可能であることは、検証をするまでもなく明らかである」などと弁護側主張をことごとく退けて、「事件は裁判所による捏造で冤罪だ」と訴えていた大高さんに対し、懲役1年2月の実刑判決を言い渡した。

弁護団の大口昭彦弁護士は、裁判所にとって大高さんは目障りで嫌悪の対象だったと断言する。「実刑判決は非常に重い。裁判所の正面で裁判所批判を続けていた大高さんに対する憎悪でしょう。報復裁判であり、報復判決と言わざるを得ない」

強権的な訴訟指揮についても、「多和田裁判長は必ず毎回のように傍聴人の退廷命令を繰り返してきた。あらかじめ退廷命令を傍聴人に予告して威嚇するなんて聞いたことがない。権威だけを振り回して従えと言う。内面が伴っていないから外的な権勢を強調せざるを得ないのではないですか」と批判した。

大高さんの裁判を傍聴した国会議員秘書は、「日本の司法の危機だと思いました。弁護人の申し立ても異議も抗議もすべて却下され、裁判官と検察官が手を結んで審理しているようにしか見えない。全くバランスが取れていませんね」と驚きを隠さない。

「公開されている裁判なのに、傍聴人の立場や人権を尊重せず、警備職員は威圧的に傍聴席を監視する。傍聴人全員が被告人サイドの人間だろうと決めつけているのが不思議議です。裁判長は高圧的で、被告人や弁護人に『説明する必要はない』と言い切るのが納得できません。こんな裁判がまかり通っているなんて。腑に落ちないことだらけです」

◉最高裁調査官も経験した「エリート」

多和田隆史氏は、岐阜県出身の55歳。東京大学で法律を学び、1981年に23歳で司法試験に合格した（36期）。

司法修習生として仙台で実務修習後、裁判官に任官。1984年4月に名古屋地裁に判事補として着任し、裁判官生活をスタートさせた。

任官2年後の1986年4月に宮崎地家裁の判事補となり、その後、1989年4月に千葉家地裁八日市場支部の判事補、1992年3月に東京地裁の判事補と異動を重ねて、同年4月に法務省刑事局付。4年後の1996年4月に東京地裁判事・東京高裁判事職務代行に就任した。

1998年4月には大阪地裁判事・大阪高裁判事職務代行となり、2001年4月に東京地裁判事に異動し、翌年の2002年4月から4年間、最高裁調査官を務めた。

2006年4月に横浜地裁の部総括判事（裁判長裁判官）に着任。2009年4月に東京高裁判事、

2010年4月に東京地裁の部総括判事。2013年4月からさいたま地家裁刑事1部の部総括判事を務めている。

東京や大阪の本庁を中心に異動しているのがよく分かる。最高裁調査官も務めるなど、いわゆる「エリート裁判官」としての経歴を、順風満帆に積み重ねてきた裁判官の一人だと言っていいだろう。

横浜地裁にいたころの多和田裁判長は、証人の話を一方的に打ち切ったり時間を切ったりすることが多かったという。「強引なところのある裁判官で、裁判官の威厳を重視していましたね。法務省刑事局にいたことが影響しているのか、検察と一体化しているようにも感じました」といった声も聞いた。

ベテラン弁護士の一人は、「優秀な裁判官ほど柔軟な訴訟指揮をする。出来の悪い裁判官ほど強権的なんです。そういう強権的な裁判官は、自信がなくて気が弱いんですよ」と斬って捨てた。

修習生時代の多和田氏を知る元裁判官は、「全然目立たないし自己主張もせず、おとなしいお坊ちゃんという印象だった。逆らう人間に強権的な権力を行使するのは、ちやほやされて持ち上げられてきた裁判官らしい振る舞い。自分に自信がないからでしょうね。全共闘の学生運動が盛んなころの法廷ならば、お互いにメンツをつぶさず暗黙の了解のように退廷命令を出すこともあったが、今はそんな事件はないからね」と話す。

◉薬物密輸容疑の外国人には無罪判決も

それでは多和田裁判長は、これまでにどういった事件を担当し、どのような判決を言い渡してきたのか。主な判断事例をざっと見てみよう。

◇　◇　◇

【ひき逃げに殺人罪認め懲役11年】（2002年3月29日、東京地裁判決）乗用車ではねたバイクの男性会社員を車の下に巻き込み、そのまま引きずって車を前後に進めて死亡させたとして、殺人などの罪に問われた無職の男に対し、懲役11年（求刑・懲役14年）を言い渡した。未必の殺意による殺人罪成立を認めた。

【警察官装い3人強姦に懲役20年】（2006年12月14日、横浜地裁判決）偽の警察手帳を示して警察官を装って一人暮らしの女性宅に侵入し、3人を強姦して現金や下着などを奪ったとして、強姦致傷や強盗などの罪に問われた無職男に対し、懲役20年（求刑・懲役25年）を言い渡した。

【いとこの預貯金着服／成年後見人の会社役員に懲役5年】（2006年12月15日、横浜地裁判決＝単独）入院中のいとこの成年後見人に選任後、預貯金を着服したとして、業務上横領や詐欺などの罪に問われた会社役員の女に対し、懲役5年（求刑・懲役6年）を言い渡した。

【無免許で酒気帯び／死亡ひき逃げに懲役2年8月】（2007年1月15日、横浜地裁判決＝単独）無免許でワゴン車を酒気帯び運転し、携帯電話に気を取られて、横断歩道で男性をはね死亡させて逃げたとして、業務上過失致死や道路交通法違反の罪に問われた大工の男に対し、懲役2年8月（求刑・懲役4年）を言い渡した。

【女児いたずらの保育士に懲役6年6月】（2007年3月15日、横浜地裁判決＝単独）勤務先の保育園で女児10人の服を脱がせて写真を撮影し、4人の下半身を触るなど性的いたずらをしたとして、強制わいせつや児童買春・児童ポルノ禁止法違反の罪に問われた保育士の男に対し、懲役6年6月（求刑・懲役10年）を言い渡した。

【女性患者の下半身触った医師に執行猶予】（2007年4月12日、横浜地裁判決）治療と称して女性患者の下半身を触ったとして、準強制わいせつの罪に問われた内科医師に対し、懲役2年、執行猶予4年（求刑・懲役2年)を言い渡した。医師は正当な治療行為だとして無罪を主張。

【障害者になりすまし免許証不正取得に懲役2年8月】(2007年6月4日、横浜地裁判決=単独)他人の住民票を不正取得して知的障害者になりすまし、運転免許証を入手し銀行で預金通帳1通をだまし取ったなどとして、有印私文書偽造、同行使、詐欺などの罪に問われた配管工の男に対し、懲役2年8月(求刑・懲役4年6月)を言い渡した。

【市営バス売上金窃盗/交通局営業所長に懲役2年】(2007年11月30日、横浜地裁判決=単独)横浜市営バス営業所の金庫回収機のふたを開けて、バスの売上金約537万7000円を盗んだとして、窃盗の罪に問われた元市交通局保土ケ谷営業所長に対し、懲役2年(求刑・懲役3年)を言い渡した。

【インサイダー取引で利益/ピーシーデポ元社員に懲役4年6月】(2007年12月18日、横浜地裁判決)パソコン販売「ピーシーデポコーポレーション」の株式分割や業務提携などの内部情報を入手し、インサイダー取引で約2400万円の利益を得たなどとして、証券取引法違反や詐欺の罪に問われた同社の元社員に対し、懲役4年6月、罰金500万円、追徴金1億0938万円(求刑・懲役6年、罰金500万円、追徴金1億0938万円)を言い渡した。

【関東学院大学ラグビー部の大麻事件/元部員2人に執行猶予】(2008年1月25日、横浜地裁判決=単独)関東学院大学ラグビー部の寮のマンション自室で、大麻草16本を栽培したとして、大麻取締法違反の罪に問われた元部員2人に対し、懲役1年6月、執行猶予3年(求刑・懲役1年6月)をそれぞれ言い渡した。

【乳児の頭を揺さぶり殺す/父親に懲役5年】(2008年1月31日、横浜地裁判決)自宅で生後5カ月の長男の頭を何度も激しく前後に揺さぶって、頭蓋内損傷で死亡させたとして、傷害致死の罪に問われた無職の父親に対し、懲役5年（求刑・懲役7年）を言い渡した。事故ではなく暴行だったと判断した。

【オートバイから歩行者けって殺す／懲役7年6月】（2008年4月3日、横浜地裁判決）歩いていた男性をオートバイで追い抜く際にけって倒し、頭蓋内出血で死なせたとして、傷害致死などの罪に問われた無職男に対し、懲役7年6月（求刑・懲役10年）を言い渡した。

【捜査員銃撃の元組幹部に懲役20年】（2008年7月16日、横浜地裁判決）自宅アパートに家宅捜索に入ろうとした警視庁の捜査員を拳銃で撃ち、3週間のけがを負わせたとして、殺人未遂や銃刀法違反などの罪に問われた指定暴力団山口組系の元幹部に対し、懲役20年（求刑・懲役30年）を言い渡した。

【小1女児強制わいせつ致傷に懲役6年／裁判員裁判】（2010年3月2日、東京地裁判決）公園内のトイレで小学1年生の女児にわいせつな行為をしたとして、強制わいせつ致傷の罪に問われた無職の男の裁判員裁判で、懲役6年（求刑・懲役7年）を言い渡した。

【早大OB相場操縦事件で執行猶予】（2010年4月28日、東京地裁判決）早稲田大学の投資サークルOBらによる相場操縦事件で、東証1部上場企業の銘柄を購入し偽の買い注文で株価をつり上げて売り抜けたとして、金融商品取引法違反の罪に問われた早大OBに対し、懲役2年2月、執行猶予4年、罰金250万円（求刑・懲役2年2月、罰金250万円）、追徴金は共犯の2人との合計で約2億2600万円（求刑・約4億2900万円）を言い渡した。

【1万円札のカラーコピー使用した少年らに執行猶予／裁判員裁判】（2010年5月21日、東京地裁判決）カラーコピーした1万円札3枚をタクシー代として使ったとして、通貨偽造・同行使の罪に問われた男と元少年の裁判員裁判で、懲役3年、保護観察付き執行猶予5年（求刑・懲役4年）をそれぞれ言い渡した。

【大麻所持未遂容疑のナイジェリア人に無罪】（2010年5月12日、東京地裁判決）大麻の入った郵便物を郵便局内で受け取ろうとしたとして、大麻取締法違反（所持未遂）の罪に問われたナイジェリア国籍の男性に対し、無罪（求刑・懲役2年6月）を言い渡した。

【反捕鯨団体ニュージーランド人の元船長に執行猶予】（2010年7月7日、東京地裁判決）南極海を航行中の調査捕鯨船に向けてゴムボートから酪酸入りのガラス瓶を発射し、甲板にいた乗組員の顔などに1週間のけがを負わせ、捕鯨船内に侵入したなどとして、傷害や威力業務妨害、艦船侵入などの罪に問われた反捕鯨団体「シー・シェパード」元船長でニュージーランド国籍のピーター・ベスーン被告に対し、懲役2年、執行猶予5年（求刑・懲役2年）を言い渡した。「組織的な妨害行為で独善的な発想に基づく。酪酸が人体に有害な影響を及ぼすと認識していた」と判断した。

【尾車親方恐喝未遂の会社員に執行猶予】（2010年11月24日、東京地裁判決＝単独）大相撲の尾車親方から現金を脅し取ろうとしたとして、恐喝未遂の罪に問われた会社員の男に対し、懲役2年、執行猶予4年（求刑・懲役2年）を言い渡した。

【認知症の姉殺害に懲役5年／裁判員裁判】（2011年1月24日、東京地裁判決）同居する認知症の姉（78歳）を殴り殺したとして、殺人の罪に問われた無職の弟（67歳）の裁判員裁判で、懲役5年（求刑・懲役8年）を言い渡した。心神耗弱は認めず、責任能力があるとした。

【連続強姦致傷の男に懲役12年／裁判員裁判】（2011年10月6日、東京地裁判決）女性を乱暴して現金を奪う事件を5件繰り返したとして、強姦致傷などの罪に問われた無職の男の裁判員裁判で、懲役12年（求刑・懲役16年）を言い渡した。

【背任事件の東理HD元会長に無罪】（2011年11月30日、東京地裁判決）第三者割当増資の際に新株予約権行使のコンサルティング業務を仮装契約し、東理ホールディングス（HD）に約24億円の損害を与えたとして、旧商法の特別背任の罪に問われた同HD元会長に対し、無罪（求刑・懲役5年）を言い渡した。「過去にも同様の手法で増資している。関係者の供述や証拠の吟味が不十分なまま起訴した」とした。

【父親殺害の息子に懲役7年／裁判員裁判】（2012年2月27日、東京地裁判決）無職であることを非難した父親を刺殺したとして、殺人の罪に問われた精神疾患の息子の裁判員裁判で、懲役7年（求刑・懲役10年）を言い渡した。弁護側の心神耗弱の主張を退けて責任能力を認めた。

【交通取り締まり警察官殺害未遂に執行猶予／裁判員裁判】（2012年3月12日、東京地裁判決）交通違反取り締まりの警察官をはねて殺そうとしたとして、殺人未遂と公務執行妨害の罪に問われた会社員に対し、懲役3年、執行猶予5年（求刑・懲役6年）を言い渡した。殺意を認めたが心神耗弱状態だったと判断した。

【妻子殺害の男に無期懲役／裁判員裁判】（2012年3月27日、東京地裁判決）保険金を目的に、自宅で妻と長男（当時9歳）の首をタオルで絞めて窒息死させたとして、殺人の罪に問われた無職の男に対し、求刑通り無期懲役を言い渡した。

【銀行強盗の警備会社員に懲役12年／裁判員裁判】（2012年6月27日、東京地裁判決）銀行警備員に刃物で切りつけ、銀行の現金自動預払機から現金を奪おうとしたとして、強盗殺人未遂などの罪に問われた元警備会社社員の裁判員裁判で、懲役12年（求刑・懲役20年）を言い渡した。

【痴漢容疑の東大准教授に罰金40万円／一貫して無罪主張】（2012年8月17日、東京地裁判決）JR総武線の電車内で女性の尻を触ったとして、東京都迷惑防止条例違反（痴漢）の罪に問われた東大准教授に対し、求刑通り罰金40万円を言い渡した。「女性の証言は具体的で犯人だと認定できる」と判断した。准教授は一貫して無罪を主張。控訴した。

【覚せい剤密輸事件のシンガポール人女性に無罪／裁判員裁判】（2012年9月12日、東京地裁判決）リュックサックに隠した覚せい剤約500グラムをクアラルンプールから密輸しようとしたとして、覚せい剤取締法違反などの罪に問われたシンガポール国籍の女性の裁判員裁判で、無罪（求刑・懲役8年、罰金400万円）を言い渡した。女性は「インターネットで知り合った英国人男性の知人からリュックサックを渡された。覚せい剤だとは知らなかった」と主張していた。

【「裁判所前の男」大高正二さんに懲役1年2月】（2012年9月19日、東京地裁判決）東京高裁・地裁の合同庁舎第二南門で、裁判所の警備職員の後頭部を殴って1週間のけがをさせ職務執行を妨害したとして、公務執行妨害と傷害の罪に問われた大高正二さんに対し、懲役1年2月（求刑・懲役2年）を言い渡した。大高さんは一貫して無罪を主張（詳細は本文参照）。

【温泉施設爆発で設計者に執行猶予／管理者は無罪】（2013年5月9日、東京地裁判決）東京・渋谷の温泉施設「シエスパ」のメタンガス引火爆発事故で、従業員や通行人ら6人を死傷させたとして、業務上過失致死傷の罪に問われた大成建設の設計担当社員に対し、禁固3年、執行猶予5年（求刑・禁固3年）を言い渡した。事故の可能性を認識しながら施設側に説明しなかったと判断。施設を所有する不動産会社の管理責任者だった元取締役は無罪（求刑・禁固2年）とした。

【対立組織幹部射殺の暴力団組長に無期懲役】（2013年7月18日、さいたま地裁判決）組員と共謀し対立組織の暴力団幹部を射殺したとして、組織犯罪処罰法違反などの罪に問われた暴力団組長に対し、求刑通り無期懲役、罰金3000万円を言い渡した。

◉庁舎管理権乱用、「開かれた司法」に逆行

大高さんに対する判決について主任弁護人の萩尾健太弁護士は、「裁判批判を続けてきた大高さんに対する報復判決。庁舎管理権に基づく裁判所の判断によって、強制的に排除できるというのは問題だ」と記者会見で批判した。

大口昭彦弁護士は、「裁判所職員が被害者とされ、自分自身が当事者である裁判所が裁くことで、公平公正な裁判ができるのだろうか。裁判所の庁舎管理権に異議を申し立てた人間は司法の敵であるかのように位置付け、傍聴人のことも敵視している。裁判所の管理権限・裁量でなんでもできるとしていることが問題。黙って言うことを聞かない人間については実力行使し、刑事責任を問い実刑判決を言い渡す。なりふり構わない強権発動で、報復性は如実だと思う。民主主義と国民主権の立場からも認められることなのか」と怒りをあらわにした。

「最高裁が言う『開かれた法廷』『市民に裁判所に来てもらう』といったうたい文句も額面通りには受け取れない。裁判所の警備体制は強化され、法廷警察権や訴訟指揮に従わない人は排除されているのが現実だ。開かれた裁判とは逆のことが行われている」

元裁判官の弁護士は、「かなり問題のある訴訟指揮だと思う。まともな裁判官ならそこまでやらない。実刑判決というのもおかしいし、そもそも逮捕して勾留したとしても、本来は起訴すべき事案ではない。裁判所の前で男性が毎日のように裁判官批判を続けてきたのが、相当目障りだったのでしょう」と批判した。

過激派やテロリスト集団が被告人の裁判なら、凶器の持ち込みなどを防ぐ必要から警備法廷もあり得るだろうが、大高さんはテロリストではない。裁判所の正門前で裁判所批判を繰り返していただけだ。思想・良心の自由、表現の自由が保障されている日本社会で、国民の当然の権利を行使したに過ぎないが、裁判所は、裁判所に刃向かうものはすべて敵と見なしているとしか思えない対応をした。

さらに、傍聴人に対してまで敵対する姿勢を取り続けた。司法を監視する権利を平然と侵害したのは、主権者たる国民を否定する恐るべき態度だと言わざるを得ない。

そもそも、裁判所にとって不愉快だと判断した国民を裁判所が告発し、それを同じ裁判所が裁くことが許されるのだろうか。それで公平公正な裁判は期待できるのだろうか。疑問が残る。

倉《くら》澤《さわ》千《ち》巖《いわ》

東京地裁立川支部部総括判事

両手は携帯と吊り革、それでも痴漢有罪か

三鷹市内を走る路線バス車内で女子高生の尻を触ったとして、東京都迷惑防止条例違反の罪に問われた同市立中学校教諭・津山正義さんに対し、東京地裁立川支部刑事3部の倉澤千巖裁判官は2013年5月8日、求刑通り罰金40万円の判決を言い渡した。

津山さんは一貫して無実を主張したが、判決理由の論旨は、あまりに理不尽で一方的。ただひたすら「被害者供述の信用性は高い」と繰り返すばかりだった。

◉被害者供述だけの痴漢認定に衝撃

犯行が行われたとされる時間、津山さんは右手で携帯電話を操作してメールを受信・作成・送信し、左手は吊り革をつかんでおり、痴漢行為ができる状態ではなかった。その様子はバス車載カメラの映像に記録されている。弁護団が時系列に沿って、こと細かに立証してみせた。

女子高生の着ていた制服のスカートは、手に繊維が付きやすくはがれにくい素材でできていた。弁護団は、「三鷹署の微物検査で津山さんの手の平から繊維片が採取されなかった事実は、女子高生のスカートをなで

ていないことを強く推認させる」とする繊維微物の付着実験報告書を証拠申請。さらに、バスの揺れでリュックが尻にぶつかったのを、女子高生が痴漢と勘違いした可能性が高いと判断し、「お尻の感覚は鈍く、手の平とリュックの識別は難しい」とする心理学鑑定書を証拠申請した。

ところが倉澤裁判官は、これらの証拠申請をいずれも却下した。

判決は、「バス車内の立ち位置の映像と被害者供述の食い違いは、さほど大きなものではない」「被害者は恐怖と不快感と嫌悪感で正確に記憶できず、勘違いがあったとしても不自然ではない」と述べる。

そして、「車載カメラの映像から痴漢行為が可能なのは3秒程度しかないと言うが、映像確認できる時間帯以外の左手の状況は不明で、バスが揺れている中での痴漢行為は容易とは言えないが、不可能とか著しく困難とまでは言えない」「バスの揺れでリュックが当たったのを勘違いした可能性が否定できないと主張するが、当たる強さや接触範囲や接触時間の長さから被害者が勘違いすることは考えがたい」などと指摘。「被害者供述の信用性は否定されない」ので有罪だと締めくくった。

この裁判官の理屈だと、事実に基づいてどれだけ緻密に立証したとしても、被害者供述さえあれば、「痴漢行為は不可能ではない」として有罪にされてしまうではないか。

法廷に衝撃が走った。満席の傍聴席からは「酷いよ」「デタラメな判決だ」などの声が次々に上がった。主任の今村核弁護士も法廷で「よく分からないなあ」「バカな人だな」と思わず裁判官批判をつぶやいた。

ここまで説得力のない判決を平然と言い渡し、有罪を宣告できる倉澤千巖裁判官とは、いったいどういう人物なのか、ぜひ知りたいと思った。

◉修習生時代は骨があってリベラル

倉澤裁判官が1979年に修習生になった33期は、自由闊達でリベラルな雰囲気にあふれていた。同期の中川博之裁判官（大阪地裁刑事5部）を取り上げた際も書いたように（111頁）、冤罪や医療過誤、少年事件の勉強会を自主的に企画するなど、社会問題や人権について積極的に発言する修習生が多かった。

修習生時代の倉澤裁判官もそんな一人だった。活発な活動家というのではないが、少年事件の支援グループに参加して、少年院や補導施設を訪問するなど、社会問題に熱心に取り組んでいたという。

「リベラルないい人でしたよ。私の知る限りでは評判の悪い人ではなかった」

「真面目で頭がよくて骨のある人で、感心していたし尊敬もしていました」

倉澤裁判官を知る同期の弁護士たちは、一様に口を揃えてそう評価する。

同期の元裁判官も、「倉澤は信念を持って自分の意思を貫く奴だった」と語る。

この時代には「政治の季節」は過ぎ去っていた。保守系の政治家とメディアが、憲法擁護を掲げる青年法律家協会(青法協)の裁判官を執拗に攻撃し、青法協脱退を拒んだ宮本康昭判事補が最高裁に再任拒否されたのは8年前の1971年の事件だ。しかしそれでもまだ、任官希望の修習生が青法協に入るのは、やはり勇気のいることだった。

ましてや、青法協に所属したままで修習生が任官希望するのは極めて珍しい。最高裁に目を付けられ、任官できたとしても人事などで不利益な扱いを受けるのは目に見えているからだ。考え方や司法のあるべき姿にシンパシーを感じていても、任官希望の修習生の多くは青法協を脱退していった。

◉あの人があんな判決を書くなんて

33期で青法協に所属したまま任官した修習生は3人いたと言われている。倉澤裁判官はその一人だった。

「最初から差別や迫害をされるのが分かっているので、青法協を辞めないで任官なんか普通はしないでしょう。でも倉澤さんは辞めずに任官した。骨のある人だと思いました」と同期の弁護士はそう振り返る。

それだけに、「あの倉澤さんが三鷹の痴漢冤罪事件であゝいう判決を書くなんて意外でした。修習生の時は本当に立派な人だったので……」と驚きを隠さない。

研修所では同じクラスだったという別の弁護士も、「三鷹の痴漢冤罪事件は報道で知ったが、彼がどうしてああいう判決を出したのか、よく分からないな」と首を傾げて不思議がるばかりだ。

「裁判官志望としてはリベラルな奴だったんだけどなあ」

◉地方裁判所の支部勤務が長かった

倉澤千巖氏は、栃木県出身の59歳。東京大学で法律を学び、1978年に24歳で司法試験に合格した(33期)。司法修習生として東京で実務修習後、裁判官に任官。1981年4月に前橋地裁に判事補として着任し、裁判官生活をスタートさせている。

任官3年後の1984年4月には、神戸地裁の判事補となり、その後、1987年4月に秋田家地裁大曲支部の判事補、1990年4月に浦和地家裁に判事補として異動し、翌年の1991年4月に同地家裁の判事に就任した。

1993年4月に新潟地家裁長岡支部の判事、1997年4月に岐阜地家裁の判事、2001年4月に静岡家地裁富士支部の判事となって、2003年4月から2年間は同支部長を務めた。

2005年4月には横浜地裁の部総括判事(裁判長裁判官)に着任。2008年4月に前橋地家裁の部総括判事、2011年4月に東京高裁判事、2012年10月から東京地家裁立川支部の部総括判事を務めている。

こうして経歴を見ると、地方の支部回りが目立つ。冷遇されているのは間違いないだろう。別の言い方をすれば、露骨な差別人事と表現してもいいかもしれない。

「飛ばされてますね。明らかに最高裁から評価されていないという人事でしょう。最高裁に恭順の意を示したことで、東京高裁の管内に来たのでしょうかね」

裁判所の人事に詳しい元裁判官は、倉澤裁判官の経歴をそう分析する。

一方、同期の元裁判官は、「任官する際にも青法協を辞めなかったのだから、任地で不利益を受けるのは最初から覚悟の上のことでしょう。そもそも赴任する場所がどこであっても裁判はできるんだから」と話す。

◉死亡交通事故では証拠不足で無罪も

それでは倉澤裁判官は、これまでにどういった事件を担当し、どのような判決を言い渡してきたのだろうか。主な判断事例をざっと見てみる。

◇　◇　◇

【大麻取締法違反のドラマーに執行猶予】（1990年10月16日、浦和地裁判決＝単独）大麻取締法違反の罪に問われたロックバンド「ローグ」のドラマーに対し、懲役6月、執行猶予3年（求刑・懲役8月）を言い渡した。

【脱税の自動車教習所に罰金】（1990年10月23日、浦和地裁判決＝単独）4億円の売上金を7300万円と過少申告し、3年間で約1億4000万円を脱税したとして、法人税法違反の罪に問われた自動車教習所に対し罰金3000万円（求刑・罰金4000万円）、同社の代表取締役に対し懲役1年、執行猶予3年（求刑・懲役1年2月）をそれぞれ言い渡した。

【6歳長女虐待の母親に執行猶予】（2004年4月26日、静岡地裁富士支部判決＝単独）6歳の長女の太ももにやけどを負わせたり殴ったりして虐待したとして、傷害罪に問われた母親に対し、懲役2年、執行猶予3年、保護観察処分3年（求刑・懲役2年）を言い渡した。

【暴力団からの借金回収で便宜／収賄の元警部補に執行猶予】（2005年6月15日、横浜地裁判決＝単独）暴力団からの借金の回収で相談され、便宜を図った謝礼として現金10万円を受け取ったとして、収賄の罪に問われた元保土ヶ谷署刑事課警部補に対し、懲役1年、執行猶予3年、追徴金10万円（求刑・懲役1年、追徴金10万円）を言い渡した。

【暴力団からの借金回収で謝礼／贈賄の男に懲役2年】（２００6年1月23日、横浜地裁判決＝単独）暴力団からの借金の回収で便宜を図ってもらった謝礼として現金10万円を渡したほか、別の借金回収を強要したとして、贈賄と職務強要の罪に問われた無職の男に対し、懲役2年（求刑・懲役2年6月）を言い渡した。

【不正車検の三菱ふそう子会社の元社長ら執行猶予】（２００6年10月19日、横浜地裁判決＝単独）不正に車体を軽くして車検を取得したとして、道路運送車両法違反の罪に問われた三菱ふそうトラック・バスの子会社「パブコ」の元社長に対し懲役8月、執行猶予3年（求刑・懲役8月）、元営業本部長に対し懲役6月、執行猶予3年（求刑・懲役6月）、法人のパブコに対し求刑通り罰金３００万円をそれぞれ言い渡した。

【交差点の死亡事故で無罪／客観的証拠足りない】（２００7年1月25日、横浜地裁判決＝単独）交差点を左折する際に横断歩道の自転車をはねて男性を死亡させたとして、業務上過失致死の罪に問われた女性に対し、目撃証言が食い違い客観的証拠が足りないとして無罪を言い渡した。女性は、青信号の交差点を直進したとして無罪を主張していた。

【証拠品の現金盗んだ警部補に執行猶予】（２００7年3月6日、横浜地裁判決＝単独）事件の証拠品の現金約18万円を盗み、捜査書類を自宅に隠したなどとして、窃盗と公用文書毀棄の罪に問われた元瀬谷署刑事課警部補に対し、懲役3年、執行猶予5年（求刑・懲役3年）を言い渡した。

【女子高生のスカートの中をのぞいた国税調査官に罰金50万円】（２００7年3月20日、横浜地裁判決＝単独）横浜駅ビルのエスカレーターで女子高生のスカートの中を手鏡でのぞいたとして、神奈川県迷惑防止条例違反の罪に問われた神奈川税務署の国税調査官に対し、罰金50万円（求刑・懲役4月）を言い渡した。被告人は無罪を主張。

【電線接触し街路灯倒れ女児死亡／建設会社員に執行猶予】（2007年7月10日、横浜地裁判決＝単独）ショベルカーのアームを折りたたまないままトラックの荷台に積み、道交法で定められた制限を超える高さになったためアームが電線に引っかかり、倒れた街路灯が直撃した1歳の女児を死亡させ、父親に重傷を負わせたとして、業務上過失致死傷の罪に問われた建設会社員に対し、禁固2年、執行猶予4年（求刑・禁固2年）を言い渡した。

【家宅捜索を妨害した元組員に懲役4年】（2007年12月25日、横浜地裁判決＝単独）銃刀法違反容疑でアパートに家宅捜索に入った警視庁新宿署員を妨害したなどとして、公務執行妨害と覚せい剤取締法違反の罪に問われた元暴力団組員に対し、懲役4年（求刑・懲役5年）を言い渡した。

【男児死亡の業過事故で無罪／検察の立証不十分】（2008年3月10日、横浜地裁判決＝単独）駐車場で兄と遊んでいた2歳の男児を乗用車でひいて死亡させたとして、業務上過失致死の罪に問われた会社員の男性に対し、男児がいた場所について検察の立証が不十分だとして無罪（求刑・禁固1年6月）を言い渡した。検察側は、車の前方6～7メートルに男児がいたと主張。8歳で出廷した兄も同様に証言。これに対し弁護側は、車の底のサンダル跡から男児は車の下にいた可能性があるとして、無罪を主張した。

【収賄の水道企業団元課長に懲役2年6月／業者は執行猶予】（2008年7月10日、前橋地裁判決）旧渡良瀬水道企業団（現在は群馬県みどり市水道局）の発注する配水池工事をめぐる贈収賄事件で、入札の設計金額を教えた謝礼に現金や小切手で計2600万円を落札業者から受け取ったとして、収賄の罪に問われた同企業団の元工務課長に対し、懲役2年6月、追徴金2600万円（求刑・懲役3年6月、追徴金2600万円）を言い渡した。贈賄の罪に問われた建設会社の元社長に対しては、懲役2年、執行猶予4年（求刑・懲役2年）、重機会社の元社長に対し、懲役1年、執行猶予3年（求刑・懲役1年）をそれぞれ言い渡した。

【父親刺した知的障害の息子に執行猶予】（2008年9月11日、前橋地裁判決）包丁で父親を刺し重傷を負わせたとして、殺人未遂の罪に問われた知的障害の無職の息子に対し、懲役3年、執行猶予5年（求刑・懲役5年）を言い渡した。

【夫を刺殺した妻に懲役5年6月】（2008年12月18日、前橋地裁判決）包丁で夫を刺殺したとして、殺人の罪などに問われた妻に対し、懲役5年6月（求刑・懲役9年）を言い渡した。夫の日ごろの暴力に追い込まれた衝動的犯行と判断した。

【飲食店店員殺害の少年に不定期刑】（2009年4月9日、前橋地裁判決）知人の女の依頼で飲食店店員の男性を絞殺し、携帯電話や財布などを奪って遺体を山林に捨てたとして、強盗殺人と死体遺棄の罪に問われた19歳の少年に対し、求刑通り懲役5年以上10年以下の不定期刑を言い渡した。弁護側は殺意を否認し傷害致死罪の適用を求めたが、殺意は推認できるとした。

【交際女性殺害に懲役6年】（2009年7月7日、前橋地裁判決）交際中の女性に熱湯をかけるなど暴行を加えて殺害したとして、傷害致死の罪に問われた土木作業員の男に対し、懲役6年（求刑・懲役8年）を言い渡した。

【夫の不倫相手を殺害／妻に懲役22年】（2009年9月2日、前橋地裁判決）知人の少年と共謀して夫の不倫相手を絞殺し、携帯電話や現金などを奪って遺体を山に捨てたとして、強盗殺人と死体遺棄の罪に問われた妻に対し、懲役22年（求刑・無期懲役）を言い渡した。

【出産男児の遺体を路上放置／死体遺棄の母親に執行猶予】（２００９年11月25日、前橋地裁判決＝単独）路上で出産して死亡した男児を放置して立ち去ったとして、死体遺棄の罪に問われた無職の女に対し、懲役1年6月、保護観察付き執行猶予3年（求刑・懲役2年）を言い渡した。

【発砲事件で組員に懲役7年／裁判員裁判】（２０１０年1月29日、前橋地裁判決）敵対組織の車に向けて拳銃を1発発射した事件に関与したとして、銃刀法違反などの罪に問われた暴力団組員の裁判員裁判で、懲役7年（求刑・懲役8年）を言い渡した。

【妻を暴行し死亡させた夫に懲役4年／被告人の余命考慮せず／裁判員裁判】（２０１０年2月12日、前橋地裁判決）寝ていた妻を酔って暴行し死亡させたとして、傷害致死の罪に問われた元会社役員の裁判員裁判で、懲役3年（求刑・懲役5年）を言い渡した。被告人は末期がんで余命2年だとして弁護側は執行猶予を求めたが、余命や健康状態で刑の重さを変えるべきでないと退けた。

【集団強姦や強盗の男に懲役22年】（２０１０年3月16日、前橋地裁判決）仲間3人と共謀して女性を乗用車に引きずり込んで性的暴行を加え現金を奪うなど、集団強姦や強盗致傷など15件を繰り返したとして、集団強姦や強盗などの罪に問われた男に対し、懲役22年（求刑・懲役25年）を言い渡した。

【みどり市の不正入札事件で執行猶予】（２０１０年3月23日、前橋地裁判決）群馬県みどり市の発注する浄水場建設工事の不正入札事件で、現金30万円の見返りに設計金額を教えたなどとして、加重収賄などの罪に問われた元市水道局浄水課長に対し、懲役2年、執行猶予3年、追徴金30万円（求刑・懲役2年、追徴金30万円）を、贈賄などの罪に問われた水道設備会社の元社長に対し、懲役1年、執行猶予3年（求刑・懲役1年6月）

をそれぞれ言い渡した。

【強盗11件の男に懲役15年】（2010年4月13日、前橋地裁判決）仲間と共謀し飲食店などで11件の強盗致傷や強盗、窃盗未遂などを繰り返し300万円を奪ったとして、強盗致傷などの罪に問われた無職の男に対し、懲役15年（求刑・懲役18年）を言い渡した。

【集団強姦罪で元群馬大生らに執行猶予】（2010年5月19日、前橋地裁判決）一緒に飲酒した女子短大生に乱暴したとして、集団強姦の罪に問われた元群馬大生ら2人に対し、それぞれ懲役3年、保護観察付き執行猶予5年（求刑・懲役4年）を言い渡した。

【傷害致死の男に懲役10年／裁判員裁判】（2010年5月28日、前橋地裁判決）共謀して男性を殴って死亡させて車に乗せた遺体を貯水池に遺棄したとして、傷害致死と死体遺棄の罪に問われた無職の男の裁判員裁判で、懲役10年（求刑・懲役13年）を言い渡した。

【万引きで警備員にけが負わせ懲役3年／裁判員裁判】（2010年6月3日、前橋地裁判決）スーパーで生イカ4杯396円相当を万引きして逃げる際に、女性警備員に腕をつかまれたまま乗用車を急発進させて引きずり、後遺症の残るけがをさせたとして、強盗致傷の罪に問われた飲食店経営の男の裁判員裁判で、懲役3年（求刑・懲役5年）を言い渡した。

【パチンコ店強盗に懲役18年／裁判員裁判】（2010年9月13日、前橋地裁判決）暴力団員ら5人と共謀してパチンコ店の売上金約1200万円を奪い、警備員に切りつけて3週間のけがを負わせたなどとして、強盗致傷などの罪に問われた衣類販売業の男の裁判員裁判で、ほかの強盗事件5件を含めて懲役18年、罰金50万円（求刑・懲役22年、罰金50万円）を言い渡した。首謀者でなく連絡役だったとの弁護側の主張を退け、主導的に犯行を計画したとした。

【強盗強姦罪で懲役8年6月／否認するも自白調書信用できると判断／裁判員裁判】（２０１０年10月12日、前橋地裁判決）ホテルに呼んだ派遣型性風俗店の女性から現金などを奪って暴行したとして、強盗強姦などの罪に問われた無職の男の裁判員裁判で、懲役８年６月（求刑・懲役10年）を言い渡した。被告人は暴行を否認したが、証言や自白調書は信用できると退けた。

【焼身自殺図り全焼させ懲役４年／裁判員裁判】（２０１０年10月22日、前橋地裁判決）焼身自殺を図って知人男性宅を全焼させたとして、現住建造物等放火の罪に問われた無職の男の裁判員裁判で、懲役４年（求刑・懲役６年）を言い渡した。

【傷害致死の共謀認定／無罪主張に懲役９年／裁判員裁判】（２０１０年11月19日、前橋地裁判決）実行犯３人と共謀して男性を殴って死亡させて車に乗せた遺体を貯水池に遺棄したとして、傷害致死と死体遺棄の罪に問われた無職の男の裁判員裁判で、首謀者とまでは言えないとしたが共謀の成立は認め、懲役９年（求刑・懲役12年）を言い渡した。弁護側は、共謀はなかったとして無罪を主張。立証が不十分だとして控訴した。

【絞殺の暴力団組長に懲役25年／裁判員裁判】（２０１０年12月13日、前橋地裁判決）対立組織の関係者と人違いし会社経営者の男性を絞殺したとして、殺人罪などに問われた暴力団組長らの裁判員裁判で、首謀者の組長に懲役25年（求刑・懲役28年）を言い渡した。共犯者の２人には、懲役17年（求刑・懲役18年）と懲役12年（求刑・懲役15年）をそれぞれ言い渡した。

【強姦罪などで元陸上自衛官の少年に不定期刑】（２０１１年１月27日、前橋地裁判決）公衆トイレで女子高生を暴行するなど10件の性的暴行事件を繰り返したとして、強姦や強制わいせつなどの罪に問われた元陸上自衛官の19歳の少年に対し、求刑通り懲役5年以上10年以下の不定期刑を言い渡した。

【児童に切りつけた男に懲役7年／裁判員裁判】（2011年3月1日、前橋地裁判決）小学校前で8歳の男子児童に包丁で切りつけて1カ月のけがを負わせたとして、殺人未遂と銃刀法違反の罪に問われた無職の男の裁判員裁判で、懲役7年（求刑・懲役10年）を言い渡した。統合失調症による心神耗弱状態を弁護側は主張したが、責任能力はあったと判断した。

【警備員刺殺の男に無期懲役／裁判員裁判】（2012年11月30日、東京地裁立川支部判決）スーパーの前で交通整理をしていた警備員の男性の胸を包丁で複数回刺して殺害したとして、殺人などの罪に問われた無職の男の裁判員裁判で、求刑通り無期懲役を言い渡した。過去に使用した覚せい剤の影響による心神耗弱か心神喪失だったと弁護側は主張したが、鑑定結果などから責任能力があったと判断した。

【女子高生ら6人に連続性的暴行の男に懲役26年／裁判員裁判】（2012年12月19日、東京地裁立川支部判決）女子高生と成人女性の計6人に性的暴行を繰り返したとして、強姦致傷などの罪に問われた男の裁判員裁判で、懲役26年（求刑・懲役30年）を言い渡した。

【強盗致傷罪で元小学校教諭に懲役8年／裁判員裁判】（2013年1月23日、東京地裁立川支部判決）路上で女性に飛び蹴りなどの暴行を加えバッグや財布を奪ったとして、強盗致傷の罪に問われた元小学校教諭の裁判員裁判で、現金強奪目的ではなかったので傷害罪を適用すべきとの被告人側の主張を退け、懲役8年（求刑・懲役12年）を言い渡した。

【中学生ら5人に強制わいせつ致傷／男に懲役14年と同3年／裁判員裁判】（2013年2月20日、東京地裁立川支部判決）中学生と成人女性の計5人に乱暴などをしたとして、強制わいせつ致傷などの罪に問われた無職の男の裁判員裁判で、4件の事件について懲役14年（求刑・懲役23年）、執行猶予中の別の1件について懲役3年（求刑・懲役4年）をそれぞれ言い渡した。

【少女に性的暴行の歯科医師に懲役9年】（2013年3月28日、東京地裁立川支部判決）13歳の少女に性的暴行を繰り返したとして、強姦の罪に問われた歯科医師と妻に対し、医師に懲役9年（求刑・懲役10年）、妻に懲役3年（求刑・懲役4年）をそれぞれ言い渡した。

【強盗致傷罪で男に懲役4年6月／裁判員裁判】（2013年4月26日、東京地裁立川支部判決）男性から金を奪い小指にけがをさせたとして、強盗致傷の罪に問われた無職の男の裁判員裁判で、強盗罪にとどまるとの弁護側主張を退け、懲役4年6月（求刑・懲役6年）を言い渡した。

【痴漢で起訴の中学教諭に罰金40万円】（2013年5月8日、東京地裁立川支部判決＝単独）三鷹市内の路線バス車内で女子高生の尻をスカートの上から触るなど痴漢行為をしたとして、東京都迷惑防止条例違反の罪に問われた公立中学校の男性教諭に対し、求刑通り罰金40万円を言い渡した。教諭は、リュックがぶつかったのではないかなどと訴えて一貫して無実を主張している。（本稿の本文参照）

◉判事補時代は勾留請求を毅然と却下

若手判事補として前橋地裁に着任したころの倉澤裁判官は、検察官の勾留請求をしょっちゅう却下するので有名だった。

前橋地検の次席検事が「また倉澤か。けしからん。こういう裁判官はつぶさなければいけない」と怒鳴っていたのを、ベテラン弁護士はよく覚えている。温和な態度で毅然と却下する姿勢に、「若い裁判官なのに骨があるな」と感心した。青法協に入っている裁判官として現地でも知られていたが、裁判所の修習生と飲み歩くなど、気さくな裁判官だったたという。

建造物等以外放火の罪に問われた事件を担当した弁護士は、浦和地裁で一部無罪の判決を得た。倉澤裁判官は左陪席だった。燃焼実験をすると自然鎮火するのが分かったので、公共の危険が発生したと認められないという判断だった。「被告人サイドの言い分に耳を傾けてくれる裁判官でした」と語る。

別の弁護士は、不法残留の中国人留学生の事件を担当し、浦和地裁で倉澤裁判官から無罪を言い渡されたことがある。入国管理局の在留資格更新はがきが手違いで届かず、期限が切れて不法残留とされて起訴されたが、判決では「故意ではない」との判断で無罪とされた。

「丁寧な審理をしてくれて、証拠開示請求に対しても検察が開示するように訴訟指揮するなど、常識的な裁判だった。ほかの事件でも倉澤さんに結構当たったことがあるが、全般的に悪い印象はなかったなあ」

1990年のころの浦和には「若手法曹の会」と称する勉強会兼飲み会があって、弁護士と裁判官と検察官が毎回10人〜20人ほど参加した。倉澤裁判官もそういう場に出てきて、気さくに議論を交わしたという。刑事1部だった倉澤裁判官とは所属の部が違うが、同時期の浦和地裁刑事3部には木谷明裁判官（元東京高裁裁判長、現在弁護士）もいた。

◉裁判官を続けているとおかしくなる？

同期の弁護士と同じように、浦和時代の倉澤裁判官を知る弁護士も、三鷹バス痴漢冤罪事件の判決には驚きの表情を見せる。

「イメージが全然違う。ピンとこないし違和感があるんですよね。良心的な裁判官に成長していくんだろうなと思っていたけど、東京高裁に異動したあたりから変わってしまったのでしょうか」

同期の弁護士は、「客観証拠を重視し、疑わしきは被告人の利益に、という痴漢事件に対する最高裁判決の流れには、少なくとも逆行する判決ですよね」と批判した。

判事補のころの倉澤裁判官を知る元裁判官は、「任官したばかりの当時はまともな部類の裁判官だったのでしょう。数少ない優秀な若手裁判官だった。でも裁判所に20年以上いたら、だいたいおかしくなってしまう。任地と報酬と退官後の処遇。この3つの影響力は大きいです」とシニカルに解説した。

東京高裁以降、倉澤裁判官が大きく変わったのは間違いない。判事補時代の常識的な人権感覚が失われていなければ、三鷹バス痴漢冤罪事件のような乱暴で一方的な判決は、少なくとも言い渡さなかったはずだ。

あとがき

新聞記者時代から現在まで、たくさんの裁判を取材しましたが、「どう考えてもこの裁判官の判断はおかしい」と思わざるを得ない判決をいくつも目にしました。新聞記事やテレビが伝える裁判のニュースを見て、同様の思いを抱いたことも少なくありません。一方で、なるほどと思う説得力のある判決を出す裁判官の存在も、あまり多くありませんが見聞きします。

「この判決を言い渡した裁判官は、いったいどういう人物なのだろう」「憲法感覚や人権感覚はどうなっているのだろう」。そんな素朴な好奇心から、疑問や興味を持った裁判官の経歴や過去の判例を調べて、弁護士や裁判官、事件関係者らを取材し、人物像を浮かび上がらせたのが本書です。雑誌「冤罪Ｆｉｌｅ」に連載した「裁判官の品格」に、大幅に加筆修正してまとめました。

本書の冒頭でも少し書きましたが、裁判官には「当たり外れ」があることが、この本を読めば分かっていただけると思います。

推定無罪の原則など頭の片隅にもなく、最初から人権感覚が欠如しているとしか思えない裁判官。判断基準にブレがあって、その時の気分で審理しているのではないかと感じる裁判官。憲法と法律と良心に従って、謙虚な姿勢で事件に向き合っていると思われる裁判官。ざっと裁判官のパターンを分類すると、こんな感じになるでしょう。

残念ながら、人権感覚にあふれ、捜査機関の主張を鵜呑みにしたりせず、公正な判断をしてくれる裁判官ばかりではありません。

たまたま「良心的な裁判官」に当たれば無罪となり、たまたまそうでない裁判官に裁かれれば、どれだけ無実を訴えても有罪にされてしまうのでは、法の下の平等が実現されているとは言えません。本来なら、すべての被告人(裁判当事者)は等しく「良心的な裁判官」に審理されるべきなのに、結局は裁判官の「当たり外れ」によって人生が左右されてしまうのが、日本の司法の実態です。これでいいはずがありません。しかも「良心的な裁判官」は悲しいことに少数派なのです。これもまたおかしな話です。

だからこそ本書では、裁判官の憲法感覚と人権感覚と公正さにとりわけ注目しました。警察や検察の主張や調書を鵜呑みにせず、司法のチェック機能を十分に働かせて、「人権の砦」としての役割を果たしているか。証拠と法律に基づいて公正な事実認定・量刑判断をしているか。それこそが、裁判官には何よりも大事なはずです。そういう意味では、裁判官の趣味や好きなスポーツなどといったことは、本質的な問題とは関係ないどうでもいい話でしょう。

審理や判決や決定はもちろん令状の発行も含めて、裁判官がチェック機能を働かせていないから、不幸な冤罪が生まれるのです。裁判官が冤罪をつくると言ってもいい。逆に言えば、裁判官がしっかりチェック機能を働かせていれば冤罪の多くは防げるはずです。

ついでに言えば、判決言い渡しの後に、偉そうに説教(説示)する裁判官には、上から目線で「裁いてやる」といった姿勢を感じて違和感があります。中には、無実を主張する被告人に、有罪判決を言い渡した最後に説教する裁判官もいるのですが、いったいどういう神経をしているのか、理解に苦しむとしか言いようがありません。

法律の専門家として公正に判断し、その判断の理由を分かりやすく説明するのが裁判官の最大の仕事であるはずです。裁判官の役割はそれ以上でも以下でもないのであって、まずそこを最低限しっかり果たしてほしいと切望するばかりです。

本書では、取り上げた裁判官を一方的に批判したり印象論を語ったりするのではなく、客観的事実を基に、できるだけ多くの声を拾い上げて、さまざまな評判を公平に紹介するように努めました。

裁判官の「当たり外れ」によって判決が左右される司法の実態が、本書を通じて浮き彫りになったのではないかと思います。この本で取り上げたのはすべて刑事裁判官ですが、民事裁判官についても問題点や課題は全く同じはずです。裁判官のあり方を考える材料となれば、これ以上の喜びはありません。

◇　◇　◇

いつものことですが、多くの方々の取材協力や情報提供のおかげで原稿を書き上げることができました。心から感謝します。

現代人文社の北井大輔さんには、単行本の編集にご尽力いただいただけでなく、雑誌連載時から資料提供や貴重なアドバイスを頂戴し、大変お世話になりました。深くお礼を申し上げます。

2013年10月25日

池　添　徳　明

◉初出一覧

「門野博裁判長ってどんな人?」冤罪Ｆｉｌｅ01号（２００８年３月号）
「川口宰護裁判長ってどんな人?」冤罪Ｆｉｌｅ02号（２００８年６月号）
「原田國男裁判長ってどんな人?」冤罪Ｆｉｌｅ03号（２００８年９月号）
「大渕敏和裁判長ってどんな人?」冤罪Ｆｉｌｅ04号（２００８年12月号）
「池田耕平裁判長ってどんな人?」冤罪Ｆｉｌｅ05号（２００９年３月号）
「大島隆明裁判長ってどんな人?」冤罪Ｆｉｌｅ08号（２００９年12月号）
「小倉正三裁判長ってどんな人?」冤罪Ｆｉｌｅ09号（２０１０年３月号）
「中川博之裁判長ってどんな人?」冤罪Ｆｉｌｅ10号（２０１０年６月号）
「岡田雄一裁判長ってどんな人?」冤罪Ｆｉｌｅ11号（２０１０年10月号）
「楢崎康英裁判長ってどんな人?」冤罪Ｆｉｌｅ12号（２０１１年２月号）
「池本寿美子裁判長ってどんな人?」冤罪Ｆｉｌｅ15号（２０１２年３月号）
「多和田隆史裁判長ってどんな人?」冤罪Ｆｉｌｅ18号（２０１３年３月号）
「倉澤千巖裁判官ってどんな人?」冤罪Ｆｉｌｅ20号（２０１３年11月号）

※　本書本文中の登場人物の年齢は、いずれも２０１３年10月１日現在のものです。

池添徳明（いけぞえ・のりあき）

1960年生まれ。埼玉新聞記者、神奈川新聞記者を経て、1999年からフリージャーナリスト。その傍ら、2003年から関東学院大学非常勤講師。教育・人権・司法・メディアなどの問題に関心を持って取材。「大岡みなみ」のペンネームでも執筆。
著書に、『日の丸・君が代と子どもたち─学校現場は2000年春をどう迎えたか』（共著、岩波ブックレット、2000年）、『日の丸がある風景─ルポ・問われる民主主義のゆくえ』（日本評論社、2001年）、『めざせロースクール、めざせ弁護士』（共編著、阪急コミュニケーションズ、2003年）、『裁判官Who's Who／首都圏編』（現代人文社、2004年）、『教育の自由はどこへ─ルポ・「管理と統制」進む学校現場』（現代人文社、2006年）など。

裁判官《さいばんかん》の品格《ひんかく》

2013年11月30日　第1版第1刷

［著　者］　池添徳明
［発行人］　成澤壽信
［編集人］　北井大輔
［発行所］　株式会社 現代人文社
〒160-0004　東京都新宿区四谷2－10八ツ橋ビル7階
Tel: 03-5379-0307　Fax: 03-5379-5388
E-mail: henshu@genjin.jp（編集）/ hanbai@genjin.jp（販売）
Web: www.genjin.jp
［発売所］　株式会社 大学図書
［印刷所］　株式会社 平河工業社
［装　幀］　Malpu Design（清水良洋）
［装画・似顔絵］　須山奈津希

検印省略　Printed in Japan
ISBN978-4-87798-565-3 C0032